PAUL MONTARLOT

JOURNAL DE L'INVASION

CHATEAUDUN

(4 SEPTEMBRE 1870 — 11 MARS 1871)

CHATEAUDUN

POUILLIER-VAUDECRAINE, LIBRAIRE-ÉDITEUR

PARIS

A. SAGNIER, ÉDITEUR, CARREFOUR DE L'ODÉON, 7

M DCCC LXXI

JOURNAL DE L'INVASION

—

CHATEAUDUN

CHATEAUDUN, IMPRIMERIE HENRI LECESNE.

PAUL MONTARLOT

———

JOURNAL DE L'INVASION

CHATEAUDUN

(4 SEPTEMBRE 1870 — 11 MARS 1871)

CHATEAUDUN

POUILLIER-VAUDECRAINE, LIBRAIRE-ÉDITEUR

———

M DCCC LXXI

PRÉFACE

Les pages qui suivent ne sont pas le récit
des événements dont Châteaudun a été le
théâtre durant la période néfaste qui commence au 4 septembre pour finir au passage
des dernières troupes. D'autres feront à
l'aide de documents officiels cette histoire
que je n'ai ni le goût ni la prétention d'abor-
der. Ma tâche est plus modeste. Impartial
et scrupuleux comme un témoin, je raconte
simplement ce que j'ai vu, je dessine, avec
le seul désir de copier exactement la réalité, quelques traits du tableau toujours
varié, souvent émouvant, une fois même
horriblement tragique, qui s'est déroulé
sous mes yeux, je traduis enfin jour par
jour, — si ce n'est heure par heure, — les
impressions que nous avons tous ressenties,
perplexités, terreurs, courtes espérances
et patriotiques angoisses. Ces notes fugi-

tives, ces renseignements fixés d'un coup
de crayon, ces croquis tracés chaque soir,
je les transcris aujourd'hui et je les livre à
la publicité sans y retrancher autre chose
que des détails purement personnels ou des
réflexions qui pourraient éveiller de légi-
times susceptibilités. Quelques-uns peut-être,
en les feuilletant, me sauront gré de retrouver sans mélange de fantaisie le souvenir
de ce passé dramatique et douloureux qui
tiendra une si large place dans les annales
de chacun. Le flot des événements ne tardera pas à emporter les dernières sensa-
tions du cauchemar qui nous a opprimés
pendant tant de semaines ; mais ceux qui
l'ont subi dans sa longue horreur, seront
curieux de l'évoquer en des temps plus
calmes et de revivre une heure dans ce
courant d'émotions que les générations pré-
sentes ne semblaient guère destinées à connaître.

On comprendra sans peine qu'en rédi-
geant un journal, je ne me sois pas préoccupé de rendre à chacun la justice qui
peut lui être due. Ce n'était point mon rôle
et un tel souci m'eût entraîné fort loin. Je
crois superflu, d'ailleurs, de défendre la
liberté de mes jugements. Étranger aux
partis qui ont plusieurs fois divisé la popu-

lation, absolument désintéressé dans l'appréciation des questions locales, je n'ai connu d'autre règle que le respect de la vérité et celui des convenances. Je n'ai pas obéi davantage à l'entraînement du préjugé en apportant quelques pièces au dossier des Allemands. Toutes les exagérations me paraissent regrettables, et les plus amers ressentiments ne sauraient les justifier.

Il me reste à m'excuser de publier des pages où ce que j'ai vu et pensé occupe à peu près constamment la scène. Je crois avec Pascal que le moi est toujours haïssable ; mais le lecteur s'apercevra promptement que ce pronom si personnel était réclamé par la forme même du livre, et qu'au fond ce n'est pas mon humble individualité que j'ai mise en jeu, mais bien les incidents multiples dont Châteaudun a été le théâtre et les personnages très-divers qui ont été à un degré quelconque les acteurs ou les comparses de ce drame de six mois.

Paul MONTARLOT.

JOURNAL DE L'INVASION

—

CHATEAUDUN

—

4 septembre 1870.

J'ouvre ce journal à l'heure même où les institutions politiques de vingt années sombrent au souffle de la tempête populaire. Date néfaste entre toutes et à laquelle se rattachera toujours le souvenir d'une des plus effroyables catastrophes qui aient assailli la patrie! Le brouillard qui nous cachait depuis trois jours une affreuse réalité, vient de se déchirer brusquement. C'en est fait! Un trait de plume a livré notre armée captive aux forteresses de l'Allemagne. L'Empire n'est plus qu'un rêve évanoui dans le passé, l'empereur, un prisonnier sans prestige, la couronne, un meuble à reléguer provisoirement au Musée des Souverains. Quel naufrage subit et comme les événements déjouent avec une foudroyante rapidité les prévisions les mieux assises! Où sont les sept millions de suffrages dont un plébiscite dotait, il y a moins de quatre mois, la dynastie impériale? Et quels défenseurs se sont levés pour la protéger contre les vagues irritées qui l'ont engloutie?

En apprenant, ce matin, la capitulation du 1er septembre, on a éprouvé plus qu'une douloureuse surprise, plus qu'une profonde stupeur : on a été littéralement écrasé. Le fantôme de l'invasion se levait derrière ce désastre sans exemple comme sans nom. Chacun sentait en même temps que l'Empire ne survivrait pas à l'humiliation de Sedan, et l'on n'attendait pas sans anxiété que le rideau tombât sur ce brillant décor où le trompe-l'œil avait été trop largement prodigué. L'émotion n'a pas été longue. A huit heures du soir, une dépêche nous informait que la République était proclamée depuis quelques heures à Paris. C'était prévu. Je dois dire que le nouveau gouvernement n'a pas trouvé ici plus d'opposition qu'il n'a soulevé d'enthousiasme. Jamais événement n'a laissé le public, en apparence, plus indifférent et plus froid. Au reçu du télégramme officiel, M. Lumière, conseiller municipal faisant fonctions de maire, en a donné lecture sur l'escalier de l'Hôtel-de-Ville, et a engagé ses auditeurs à ne point se départir du calme que les circonstances commandaient im-

périeusement. Pas n'était besoin de cette invita-
tion. Aucun cri n'a salué la république naissante,
et je me souviens seulement d'un murmure
significatif qui a accueilli le nom de Rochefort,
membre de ce gouvernement improvisé. Il est
vrai qu'à l'heure où les cafés se fermaient, des
traînards en goguette ont proféré quelques
vivats ; mais leurs acclamations enrouées n'ont
pas trouvé d'écho. Sedan glaçait tous les cœurs.

10 septembre.

Chaque jour, on se rue avec une ardente curiosité sur le *Journal officiel*. Que d'étoiles qui
s'éteignent dans les hautes régions de l'atmos-
phère politique ! Quelle grêle de révocations !
Quelles chutes, mais aussi quels choix ! Des
myriades d'avocats envahissent comme un flot
les ministères, les parquets, les préfectures. Il
semble que le pouvoir soit confisqué par là République au profit d'une seule catégorie sociale.
Avocats partout ! Avocats *for ever !* Un sabre
bien affilé ferait pourtant mieux notre affaire que
cette nuée de robins entrelardés de quelques
journalistes dont les noms sortent pour la
première fois des limbes d'une profonde
obscurité.

La moitié de mes journées se passe au chemin de fer qui offre un étrange spectacle. La marche de l'ennemi et la perspective d'un investissement prochain ont mis en fuite une partie de la population parisienne. C'est un véritable sauve-qui-peut. Les trains sont bondés de voyageurs : il y en a jusque dans les fourgons à bagages, juchés sur des malles ou allongeant leurs têtes ahuries entre des montagnes de cartons à chapeau. Si l'on en croit leurs récits, des milliers de personnes se pressent jour et nuit dans les vestibules de la gare de Paris, et ce n'est qu'après quinze ou vingt heures d'attente, au prix de longs efforts, que les plus obstinés réussissent à s'introduire dans les vagons. Encore n'est-ce souvent qu'à la condition de ne pas avoir de colis. Pendant l'arrêt des trains à Châteaudun, c'est une amusante cohue sur ce quai où deux mois auparavant la vue de quatre voyageurs eût suffi pour remuer la curiosité publique. Jamais le hasard n'a réuni foule plus bigarrée. Toutes les conditions se heurtent et se coudoient dans ces voitures où la confusion du départ a supprimé la distinction des classes. Petits bourgeois en famille, châtelaines élégantes, marchandes à la toilette, ecclésiastiques, femmes galantes, ouvriers sans travail, vieillards infirmes, Allemands expulsés, il y a de tout, même des serins en cage auxquels de bons cœurs veulent épargner les privations d'un siége ou les terreurs d'un bombardement. Pas un compartiment où la sagacité de l'observateur ne trouve amplement à glaner.

Des convois de militaires passent encore, et le buffet, charitablement organisé par madame de Lanauze, continue ses distributions gratuites de vin et de comestibles. Mais plus de cris, plus d'enthousiasme, plus de *Marseillaise* comme à la fin de juillet, alors que de funestes illusions teignaient l'horizon en rose. Reichshoffen et Sedan ont mis une sourdine à la gaieté des premiers jours. Les hommes sont graves et silencieux. Anciens militaires pour la plupart, ils n'ont pas rompu sans regret les liens qui les attachaient à leurs foyers. D'autre part, des trains dirigent sur Tours des blessés qui gagnent les ambulances ou des échappés qui rejoignent les dépôts de leurs régiments. Avec quelle amertume ces hommes accusent l'impéritie de leurs chefs, et comme on sent que les derniers événements, non moins que les prédications démagogiques, ont tué dans l'armée le respect hiérarchique !

18 septembre.

Ce matin, le bataillon des gardes mobiles de l'arrondissement, qui s'exerçait depuis un mois à Châteaudun, est parti pour Chartres par un train spécial. A sept heures et demie, les diverses compagnies ont fait leur entrée à la gare et envahi les voitures avec une bonne humeur que les derniers adieux n'avaient point altérée. Parents, amis et curieux se pressaient sur le quai ou derrière les barrières. A huit heures, le train s'est lourdement ébranlé au milieu des joyeuses acclamations des mobiles, auxquelles répondaient les saluts et les vœux des assistants.

Depuis le 16, le chemin de fer s'arrête à Dourdan. Paris est à peu près investi. L'invasion s'étend comme une tache d'huile, et chaque jour l'espace se rétrécit devant nous. On avait annoncé que la ligne serait défendue. Les gares, disait-on, avaient été barricadées, couronnées de créneaux, percées de meurtrières. Peines perdues! On n'y a pas envoyé de troupes, et il a suffi de quelques uhlans pour couper la voie entre Athis et Ablon.

Des convois d'émigrants traversent la ville à toute heure. C'est pitié de voir ces pauvres gens fuir avec leur modeste fortune, sans abri certain pour l'hiver et souvent sans espoir de retrouver leurs foyers intacts. Une immense voiture, attelée de trois chevaux et contenant tout un mobilier rustique, cheminait aujourd'hui sur les boulevards extérieurs. Des bottes de paille étaient jetées par dessus les meubles, et une légion de femmes et d'enfants grouillait pêle-mêle au faîte du lourd véhicule, qu'un troupeau de moutons suivait en broutant l'herbe maigre des contre-allées. C'était un fermier de Gonesse avec sa famille. Où allait-il? Il l'ignorait. Il savait seulement qu'il tournait le dos aux Prussiens; mais les progrès de l'invasion le poussaient chaque jour plus avant.

22 septembre.

Châteaudun était dès l'aube en pleine insurrection. Un ordre du jour du commandant de la garde nationale avait mis le feu aux poudres et les factions aux prises. Guelfes et Gibelins se foudroyaient du regard. Hier soir, le comité de défense locale avait examiné, de concert avec le conseil municipal et les officiers de la garde nationale, les mesures qu'il convenait d'adopter en présence de la marche de l'ennemi. Au milieu de la discussion, un intrus annonce tout à coup l'apparition de forces prussiennes à Orléans. La nouvelle était de nature à modifier les résolutions. Aussi l'assemblée s'accorde-t-elle promptement à reconnaître que, si la garde nationale constitue une force suffisante pour repousser quelques maraudeurs, il y a pour elle impossibilité, comme pour la ville danger sérieux, à résister à un corps d'armée. Cet avis, fort raisonnable en soi, ne soulève pas d'objection, et, sur la proposition du commandant, il est décidé qu'un détachement de volontaires mobilisés sera dirigé sur le Perche avec les armes du bataillon dont il aura la garde. Toutefois, à la fin de la séance, des renseignements précis viennent démentir la nouvelle qui a troublé la discussion ; de telle sorte que les choses demeurent entières, et qu'en fait aucun parti n'est irrévocablement arrêté.

Aujourd'hui, la garde nationale s'assemblait à huit heures sur la Place et entendait la lecture de l'ordre du jour suivant :

« Gardes nationaux,

« Votre municipalité considère comme inutile et dangereuse une défense contre des forces ennemies ayant une certaine importance.

« Aucun des moyens de défense conseillés par votre commandant n'ayant été accepté, il ne peut ni ne doit prendre la lourde responsabilité d'agir contre le vœu exprimé par les représentants de la commune.

« Mais il ne doit pas oublier un autre devoir important, c'est de nous empêcher la honte d'être désarmés par l'ennemi et de lui laisser prendre les fusils que la France n'a pu vous confier qu'en trop petit nombre. Il n'a pas laissé ignorer ce devoir à vos conseillers municipaux, qui ont décidé que la mesure suivante serait prise :

« Faire appel à tous les hommes de bonne volonté pour fournir une compagnie de marche qui sera mobilisée, et qui aura mission de garder les armes des gardes nationaux auxquels leur position ne permet pas de sortir du pays. »

Ce document n'avait pas une signification purement militaire : les préoccupations électorales suintaient par tous les pores de ses petits alinéas. Aussi, sa rédaction soulève-t-elle un orage. Chacun réclame, et ce n'est pendant une heure que protestations et cris tumultueux. Les uns blâment l'ordre du jour et l'accusent de travestir les intentions de la municipalité, en rejetant uniquement sur elle la responsabilité d'une mesure prise d'un commun accord. Les autres, — et c'est le plus grand nombre, — se refusent à admettre que le voisinage de l'ennemi puisse justifier le désarmement qu'on leur impose. Leur logique se révolte contre une telle contradiction. Si on leur a confié des fusils, ce n'est pas, apparemment, pour tirer tous les dimanches à la cible ou brûler leur poudre aux alouettes. L'argument ne manque pas de rigueur, et il se formule avec d'autant plus de vivacité, que ceux qui l'invoquent ont une notion moins exacte des conditions dans lesquelles la résistance locale peut s'exercer avec succès. Un tiers-parti, mû par un sentiment égalitaire d'un à-propos contestable, accepte enfin la mesure, mais à la condition que tous les gardes nationaux se retireront dans le Perche. « Tous! tous! Nous irons tous! » s'écrient-ils, comme si cette retraite en masse était seulement praticable. Bref, une partie des gardes nationaux conservent leurs fusils, l'idée du désarmement tombe à l'eau, et la municipalité, blessée au cœur, donne sa démission. C'est toute une révolution.

25 septembre.

Châteaudun est maintenant tête de ligne. Des paniques se sont déclarées ces jours-ci, et, sous l'empire de ces terreurs prématurées, les familles ont commencé à se dissoudre. Femmes et enfants ont été chercher un refuge dans les petites villes du Perche, sur les plages de la Bretagne ou de l'autre côté de la Loire. Nombre de maris goûtent déjà les tristesses — ou les douceurs — du veuvage, et les relations sociales se trouvent frappées de mort subite par cette émigration dont le terme est malheureusement indéfini.

Hier soir, une vive émotion régnait à la gare :

on croyait l'ennemi à Terminiers. En deux heures les uhlans traditionnels pouvaient être à nos portes. Bien des gens, qui n'attendaient qu'une dernière alerte, ont passé la nuit à boucler leurs malles. Cependant aucun Prussien ne s'est montré ce matin. On dit, au contraire, que l'ennemi n'a pas encore dépassé Toury, où il se concentre depuis quelques jours.

28 septembre.

Un amusant épisode a inauguré la journée. A neuf heures, les boutiques se fermaient violemment, les portes claquaient comme au vent précurseur de la tempête, des gens effarés s'enfuyaient par les rues. Les Prussiens, disait-on, étaient à la gare : cent cinquante, selon les uns, huit cents, selon d'autres mieux informés. Le poste de l'hôtel-de-ville se jette un peu confusément sur ses armes. Mais déjà la terreur a fait place à de longs éclats de rire. Les huit cents Prussiens sont un mirage. Une sentinelle hallucinée a pris quelques tas de fumier symétriquement espacés dans la plaine pour des pelotons d'infanterie. Au cri d'alarme, chacun s'est empressé de glisser une balle dans son fusil. Cependant l'inexplicable immobilité de l'ennemi a fini par éveiller quelques doutes. Les yeux à demi clos par l'insomnie se sont dessillés, et un examen plus approfondi des positions prussiennes a promptement démontré l'invraisemblance d'une attaque immédiate.

Nouvelle alerte à trois heures. Celle-ci paraît plus fondée. L'ennemi, dit-on, s'est montré au Gault-Saint-Denis et a coupé le fil télégraphique. Monté à la tour du château. Un calme absolu règne dans la plaine dont une vapeur bleuâtre estompe les fuyantes perspectives, et la pastorale physionomie de la vallée contraste étrangement avec l'émoi qui agite la ville. A la gare, les employés plient bagage et rassemblent le matériel. A neuf heures, trois locomotives emportent une trentaine de vagons, et nous suivons mélancoliquement leur panache de fumée qui se déroule pour la dernière fois à nos yeux. Une heure après, la place Royale s'emplit de tumulte et de bruit. Toute la garde nationale, au son des clairons et des tambours, se réunit en armes. Pourquoi? et que veut-on faire par cette nuit obscure? Bien fin le tacticien qui saurait le dire. Cependant la majorité, surexcitée par le voisinage de l'ennemi, demande à marcher en avant. Deux compagnies partent, en conséquence, dans la direction de Marboué, tandis que deux autres occupent en force la gare et la mairie, qu'elles mettent à l'abri d'une surprise.

29 septembre.

La nuit s'est passée paisiblement, et le seul
incident de la matinée a été une plaisante alerte
dont il convient de rapporter la cause à une
myopie regrettable. Un officier se trouvait avec
un détachement dans une tranchée du chemin
de fer, quand il signale tout à coup une charge
de cuirassiers blancs. Les gardes nationaux,
émus, se mettent sur la défensive. Deux d'entre
eux, sans tenir compte du péril, escaladent le
talus, allongent la tête, et promènent un regard
inquiet dans la vigne où l'ennemi galopait. Mais
déjà l'escadron s'était évanoui, et il ne restait
de ces cavaliers chimériques qu'un bonnet de
femme oublié sur un échalas.

A midi, panique générale. Un télégramme
apprend que les Prussiens entrent dans Bonneval. Cette fois l'ennemi n'est plus un rêve, et la
dépêche paraît si explicite que personne ne doute
plus d'une prochaine attaque. La garde nationale
reste sous les armes. Déjà les communes voisines, prévenues cette nuit par des exprès, ont
envoyé leur contingent. Trois mille hommes,
dont le tiers est armé de piques et de fourches,
s'apprêtent à défendre la ville. Des voitures, des
bois de charpente, des tonneaux, quelques pavés

sont rapidement amoncelés aux principales issues. La rue de Chartres seule reste libre : c'est l'entrée de la souricière. Une fois sur la Place, les uhlans, jusque-là sans défiance, essuieront le feu des gardes nationaux repliés derrière une file de voitures, et iront dans leur fuite se heurter, comme des chauves-souris, à toutes les barricades. Le plan n'est pas mal imaginé, mais en vue seulement d'une hypothèse que rien ne justifie, celle où une centaine de cavaliers se présenteraient aux portes de la ville. *Quid,* si par hasard deux cents fantassins se montraient subitement? Du reste, sans le savoir, on s'agite dans le vide. A trois heures, alors que l'émotion de l'attente touche à son paroxysme et que l'entrain de la première heure commence à dégénérer en mauvaise humeur, une dépêche est enfin transmise par le chef de gare de Bonneval, qui avait démonté et caché momentanément son appareil. « C'est, » dit-elle, « par erreur que les Prussiens ont été signalés à Bonneval; les éclaireurs ne les signalent même pas. » Colère et indignation. Les gardes nationaux, dont la plupart ont déjà passé cinquante heures sous les armes, se croient mystifiés et exhalent bruyamment leur dépit. Quelques-uns même réclament une répression contre le malencontreux auteur de la dépêche qui a jeté l'alarme. C'est pendant une heure un feu croisé d'interpellations que le

tiraillement général des estomacs finit heureusement par éteindre.

On s'amusait aujourd'hui de l'aventure du
courrier d'Orgères. La nuit dernière, à l'en
croire, il avait été poursuivi par un détachement
de uhlans et ne leur avait échappé qu'au prix
d'efforts désespérés. Il avait dû se jeter à travers
champs, franchir mille obstacles, traverser le lit
desséché de la Conie, etc. Vérification faite, les
uhlans n'étaient autres que cinq gendarmes
d'Orgères qui se repliaient (style consacré) sur
Châteaudun, et dont les pacifiques tricornes
avaient pris aux yeux du voiturier les formes
terrifiantes du schapska prussien.

La sécurité renaît, et, à neuf heures, on se
presse au chemin de fer pour voir débarquer le
bataillon des francs-tireurs de Paris, que le gouvernement nous expédie de Tours, sous les
ordres du comte Ernest de Lipowski. Au moment
même où le train entre en gare, une sentinelle
appelle aux armes, et ce cri, plusieurs fois répété
dans la campagne, détermine une fugue générale.
La foule s'échappe en désordre, et le poste de la
mairie prend les armes. Mais ce n'est qu'une
fausse alerte, et il a suffi, pour la provoquer, du
passage de quelques gardes nationaux qui rega-
gnaient tardivement leurs gîtes. Cependant les
francs-tireurs s'élancent gaiement des vagons.
C'est une troupe aux vives allures et dont le

costume dégagé s'adapte merveilleusement aux nécessités de la guerre de partisans. Le bataillon, suivi d'un aumônier galonné comme un évêque, et d'une cantinière dont la vie des camps n'a pas encore émacié les formes, se réunit dans la cour de la gare et s'achemine vers le Quartier où il est provisoirement logé. Les incidents de la journée sont clos, et chacun se dispose à dormir en toute sécurité, surtout les gardes nationaux, dont la plupart ont passé deux nuits sur pied.

                                    30 septembre.

Le procureur de la République et le juge d'instruction se sont transportés aujourd'hui à Bonneval pour rechercher dans quelles circonstances s'est produite l'alerte d'hier. C'est un moulin à vent, paraît-il, qui a causé tout le mal. Un employé a pris le mouvement de ses ailes pour le galop d'un escadron et a donné l'alarme au chef de gare qui, sans vérifier le fait, a télégraphié la nouvelle à Châteaudun et caché son appareil. Décidément, Cervantès est moins fantaisiste que je ne le pensais, et le combat de l'ingénieux hidalgo contre des moulins a failli devenir une réalité.

On signale, à cinq heures, deux escadrons de cavalerie à Saint-Péravy. Une compagnie de francs-tireurs part aussitôt, sous les ordres du capitaine Boulanger et du lieutenant Chabrillat, dont les courriers militaires, datés des champs de bataille de l'Alsace, ont fait sensation le mois dernier. Plus tard, vingt voitures emmènent deux cent cinquante francs-tireurs. On espère prendre l'ennemi comme en un coup de filet.

2 octobre.

Expédition manquée, ou peu s'en faut. Une sentinelle prussienne a été tuée à bout portant; mais les cavaliers étaient sur leurs gardes et ont déguerpi sous une fusillade assez vive qui en a jeté, dit-on, quelques-uns sur le carreau.

Les électeurs étaient conviés aujourd'hui à nommer un conseil municipal. C'est pour la troisième fois que cette cérémonie se renouvelle depuis le mois de janvier, et encore se complique-t-elle d'un arrêté de dissolution qui donne un assez joli croc-en-jambe à la légalité. Il paraît que le progrès de nos institutions politiques aura dit son dernier mot le jour où les conseils ne vivront plus, comme les roses, que l'espace d'un matin. Enfin, n'importe! Quelle que soit l'opportunité de cet appel aux urnes, c'est toujours pour le spectateur désintéressé

une comédie plus divertissante que bien des
pièces à succès. Tous les sentiments qui se
manifestent, ne sont pas, en effet, d'une grandeur
épique : il y a par ci par là quelques sourdes
rancunes, quelques jalousies de métier, quelques velléités ambitieuses qui trouvent leur
satisfaction dans cette lutte d'un jour. La stratégie s'en ressent un peu. Toute arme semble
bonne pour débusquer l'ennemi de ses positions.
On le bombarde à coups de circulaires, on le
dévore par voie d'affiches, on l'égorge dans un
entrefilet de journal. Je n'en veux pour preuve
que deux placards qui émaillent aujourd'hui trois
ou quatre murailles et dont la lecture a déridé
plus d'un visage. Le premier, rédigé par un Tris-
sotin demeuré dans l'ombre, roule agréablement les conseillers démissionnaires, « ces
enfants trouvés de la veille qui sollicitent des
titres à la paternité des électeurs, » et lance
comme un pétard au nez des « Rouhers dunois »
l'accusation d'avoir « trafiqué de l'honneur et de
la dignité du pays. » On ne démasque pas plus
audacieusement les traîtres. Quel pavé ! Mais la
perle de ce factum est un aphorisme qui vaut
tout un poëme : « Le savoir n'est pas la sève du
cœur. » Tirons l'échelle.

La seconde circulaire est peut-être moins
ciselée. La période ne s'y balance pas avec
autant de bonheur ; l'allusion y aiguise moins

finement ses pointes ; mais comme l'alternative qui s'offre aux électeurs est nettement posée! Voulez-vous perdre la France? Nommez les conseillers démissionnaires. Voulez-vous la sauver? Placez à votre tête « les hommes énergiques et qui n'ont jamais tremblé au nom de liberté, » votez, en un mot, pour nous. C'est, comme on voit, une spirituelle variation sur le thème connu : prenez mon ours. Il faudrait être dénué de tout patriotisme pour résister à un pareil argument, et, seuls, « les complices de la turpitude et des honteuses servilités de l'Empire » auront le triste courage de demander comment le salut du pays peut subitement échoir aux mains de vingt-trois bourgeois appelés à régler un budget de quatre-vingt mille francs.

A neuf heures du soir, la France était sauvée. La liste imprimée et colportée l'emportait sur toute la ligne. Il est vrai d'ajouter qu'elle n'avait pas été combattue et que les « Rouhers dunois » s'étaient tenus parfaitement cois. La révolution se serait accomplie sans effusion de sang, si l'un des nouveaux élus, dans l'ivresse du triomphe, ne s'était tout à coup avisé de jouer du bâton. Comme un hasard malheureux le rapprochait d'un conseiller démissionnaire, il profite de l'occasion pour décocher un trait contre « les trois bandits qui rédigent l'*Écho dunois.* » C'est un peu vif, peut-être ; mais il faut bien passer quelque chose aux « hommes énergiques et qui n'ont jamais tremblé au nom de liberté. » Cependant, le démissionnaire, — un des trois bandits, — demande une explication. Pour toute réponse, il reçoit un coup de canne. Émoi sur la Place. La garde accourt et conduit l'agresseur au poste. Mais le commandant survient, blâme le sergent qui, dans sa brutale impartialité, a cru remplir un devoir en portant la main sur la personne sacro-sainte du nouveau conseiller, et fait mettre ce dernier en liberté.

Quel que soit le dénouement de cet incident, qui dénote chez son auteur plus de souplesse dans le poignet que de conciliation dans l'esprit, la pièce électorale est jouée. Nous voici dotés d'un conseil municipal tout flambant neuf. A part cinq ou six vétérans des anciens conseils et quatre démissionnaires qui décemment ne pouvaient être éliminés, la majorité se compose d'hommes nouveaux. En ce moment les événements marchent vite, plus vite que les morts de la ballade. Les vainqueurs du scrutin n'auront que trop tôt, sans doute, l'occasion de révéler des aptitudes que leur passé n'a pas encore fait connaître, et nous verrons comment, « en acceptant la plus lourde des responsabilités, » ils sauront concilier avec les éventualités de la défense les intérêts bien entendus de la ville qui les a choisis pour ses mandataires. '

4 octobre.

Les francs-tireurs font de nouveau parler d'eux. On dit qu'ils ont balayé toute la plaine au-delà d'Allaines. Des maraudeurs ennemis ont dû fuir en abandonnant les bestiaux qu'ils avaient pris à Germignonville. A Viabon, deux cents cuirassiers blancs ont été également repoussés. A Sancheville enfin, il y a eu quelques coups de fusils d'échangés et quelques hommes mis hors de combat.

Les journaux nous apportent la nouvelle d'un événement qui est peut-être le plus considérable des temps modernes, et qui, dans la crise actuelle, passe absolument inaperçu. Un plébiscite a réuni, le 2 octobre, Rome et les États-Pontificaux au royaume d'Italie. La plus vieille monarchie de l'Europe est tombée sans faire plus de bruit qu'une feuille morte. A peine quelques regards distraits se sont-ils arrêtés sur le télégramme qui contenait en deux mots ce fait immense. Ce que Montesquieu disait de l'empire romain m'est revenu plus d'une fois à l'esprit. Ainsi que l'héritage des Césars, le royaume temporel de la papauté « a fini comme le Rhin, qui n'est plus qu'un ruisseau lorsqu'il se perd dans l'Océan. »

5 octobre.

On s'abordait consterné ce matin. Une dépêche nous apprenait, en effet, que les mobiles d'Eure-et-Loir ont été battus hier devant Épernon. Surpris par une attaque inattendue, troublés par le feu de six canons, ils se sont repliés sur Chartres dans un certain désordre. Le commandant Lecomte a été tué, — ou plus exactement assassiné, — au moment où, trompé par le geste des Prussiens qui levaient la crosse de leurs fusils, il ordonnait de cesser le feu. La dépêche du préfet accuse en termes assez durs l'incurie de plusieurs officiers; mais pourquoi ne pas incriminer plutôt la légèreté avec laquelle les choix ont été faits?

Les arrestations vont leur train. La force publique, sous l'empire d'une hallucination chronique, voit partout des espions prussiens : c'est le rêve du jour. Malheur aux étrangers de bonne mine qui, surpris par l'interruption du chemin de fer, n'ont pas eu le temps de regagner leurs foyers! Malheur aux ouvriers en quête d'ouvrage et dont le nez mal tourné déplaît à quelque franc-tireur! Malheur surtout aux gens barbus qui manquent de linge frais et dont le costume râpé présente des lacunes! Tout cela est interpellé, arrêté, ficelé, coffré sans examen.

Une remarque insignifiante, un fragment de journal au fond d'une poche, quelques notes sur un calepin, une démarche incertaine, une station prolongée sur un trottoir, telles sont les charges qui suffisent à motiver une arrestation. N'ai-je pas vu mettre ainsi la main sur un conseiller de préfecture corse, à qui des officiers de mobile reprochaient amèrement de ne leur avoir pas laissé lire une lettre qu'il écrivait à sa femme, et dont les détails intimes, — très-intimes même, — ne paraissaient pas destinés à recevoir la publicité du corps de garde? N'ai-je pas vu interner dans un hôtel un capitaine d'une garde nationale voisine, dont le chapeau à larges ailes avait ému la gendarmerie? N'ai-je pas vu arrêter un émissaire du gouvernement, qui portait à Paris d'importantes dépêches de M. Glais-Bizoin écrites sur un papier pelure d'oignon et roulées en une boule imperceptible?

Aujourd'hui encore, la physionomie du poste de la Mairie m'a péniblement impressionné. Un franc-tireur s'ingéniait à maltraiter un vagabond des plus inoffensifs, et lui tirait les cheveux sous prétexte de s'assurer qu'il ne portait pas de faux toupet. Les gardes nationaux eux-mêmes s'animaient plus que de raison. Un d'eux, ventru comme un mandarin, parlait tout bonnement de fusiller l'inculpé sur place. Ces procédés sommaires constituent ce qu'on est convenu d'appeler la justice du peuple. Quel respect des formes et quelle sollicitude pour les droits de la défense! Deux heures après, il est tombé sous la griffe de l'autorité militaire un bon vieux domestique dont les papiers visés, timbrés, scellés, signés et contre-signés défiaient les soupçons du plus farouche inquisiteur. N'importe! le malheureux a été incarcéré et inculpé *d'allures suspectes*. Le mot est charmant. Sommes-nous revenus, sans nous en douter, aux beaux jours de 1793, et un coup de baguette nous aurait-il, comme par miracle, transportés sous l'empire de cette loi du 17 septembre dont le retour ne se faisait pas autrement désirer? Il faut reconnaître que la liberté individuelle n'a jamais été traitée avec plus de sans-gêne que depuis l'avénement du nouveau régime. Je veux bien que la terreur du Prussien ait troublé quelques cervelles; mais je n'en dois pas moins noter cette manie d'arrestations arbitraires comme un des signes les plus caractéristiques de la période tourmentée que nous traversons.

7 octobre.

On se bat sur la lisière de l'arrondissement, et la cavalerie ennemie fuit devant les gardes nationaux et les francs-tireurs. Malheureusement

les expéditions de ces derniers servent de prétexte à d'épouvantables représailles. Pour un
cheval tué ou un uhlan blessé, les Prussiens
brûlent un village ou fusillent une demi-douzaine
de paysans désarmés. C'est ce qui est arrivé, le
4, à Trancrainville. Une dépêche un peu confuse
de M. de Lipowski fait connaître dans les termes
suivants le sort de cette commune :

« Les francs-tireurs, *pour empêcher le pillage
et l'incendie,* furent dirigés sur Germignonville,
Ymonville, *Trancrainville,* Villermont, etc., atta-
quant l'ennemi qui cherchait à pénétrer en ces
endroits et le chassant... J'avais envoyé deux
compagnies à Trancrainville. Le prince Albert
fit *incendier* ce village sous ses yeux. Il y eut
une vingtaine de maisons de brûlées. Le prince
se borna à cet incendie et à l'assassinat de trois
ou quatre paysans. »

Il faut avouer que, si les francs-tireurs sont
venus à Trancrainville précisément pour empêcher l'incendie, ils ont joué de malheur, puisque
c'est, au contraire, leur présence qui a attiré sur
ce village les barbares vengeances de l'ennemi.
D'après des renseignements particuliers, les
Prussiens ont mis le feu au moyen d'obus incendiaires. Nous voici ramenés en Beauce aux traditions de la guerre de Trente-Ans.

Nos journées se passent dans une attente

fiévreuse. L'esprit désorienté ne sait plus à quoi se fixer : aucun travail suivi ne réussit à l'attacher. On éprouve une inquiétude physique et morale qui ne permet pas plus de lier deux idées que de tenir deux minutes en place. Où est le temps où une phrase de Mozart, un vers de Musset, une réminiscence de voyage vous emportait dans les idéales régions de la rêverie? Où sont les heures où l'on promenait paresseusement ses loisirs dans les verts sentiers, sans autre souci que de humer l'air et le soleil? Ces paisibles jouissances, ces tranquilles plaisirs, ce repos intellectuel dont on se plaignait parfois, comme les Sybarites d'un pli de rose, se sont évanouis devant la plus brutale des réalités. Seul, le spectre prussien hante aujourd'hui l'imagination. Il se glisse entre les pages du livre sur lequel on s'efforce vainement de concentrer son attention; il se dresse à chaque détour de la route qu'on suit, l'œil en éveil; il flotte dans chaque fumée qui tourbillonne à l'horizon. Impossible de se soustraire à cette incessante tyrannie. Chaque minute apporte son contingent d'émotions. Les nouvelles contradictoires, les récits des journaux, les vains bruits qui se colportent, les dépêches affichées à toute heure, les paniques sans raison maintiennent le cerveau dans une perpétuelle tension. On est fatigué, agacé, énervé par mille préoccupations.

C'est là une des misères de l'heure présente, et je doute que ceux qui n'ont point passé par là, comprennent jamais cet élément douloureux de nos épreuves.

8 octobre.

Un auditoire inaccoutumé se pressait à l'audience de ce jour. Le coup de canne qui avait couronné l'élection municipale, devait défrayer le rôle de la police correctionnelle, et le public espérait, sans doute, que les avocats, remontant à la fondation de Châteaudun, au moins à celle de l'*Écho dunois*, auraient le talent de charmer pendant de longues heures sa curiosité indiscrète. Mais, — fâcheux contre-temps! — l'affaire a été ajournée. Le prévenu avait demandé qu'elle fût remise jusqu'au débloquement de Paris, sous prétexte que le seul avocat en mesure de justifier les évolutions de son rotin se trouvait enfermé dans la capitale investie. Mais le tribunal n'a pas jugé que l'importance de l'affaire comportât un pareil délai, et l'a renvoyée simplement à huitaine.

Ce matin, les francs-tireurs, qui s'étaient dirigés sans bruit vers Ablis, y ont exécuté un hardi coup de main. Un escadron du 16e hussards (Sleswig-Holstein), quelques uhlans et deux compagnies d'infanterie bavaroise s'étaient installés et barricadés dans le village. A cinq heures, les francs-tireurs les ont attaqués à l'improviste, et, après une lutte acharnée dans les rues, ont emporté leurs positions. Une cinquantaine d'Allemands ont été tués ou blessés ; soixante-sept hommes, en outre, et quatre-vingt-quatorze chevaux ont été pris. Les assaillants n'ont perdu qu'un homme ; mais quatre d'entre eux, restés en arrière, ont été massacrés près d'Auneau par des cuirassiers blancs.

Dès huit heures du soir, la foule assiége la gare pour assister au débarquement des prisonniers. Mais les lenteurs du train mettent sa patience à l'épreuve, et, pour ma part, je renonce volontiers au spectacle de ces soixante-sept Allemands. Il n'est que trop probable, en effet, que nous en verrons prochainement plus qu'il n'est nécessaire pour être très-exactement renseignés sur les types variés des races germaniques.

9 octobre.

Les prisonniers attendus sont arrivés à une heure du matin et ont été conduits au Quartier. On a été bon, très-bon pour eux. On leur a servi de la galette, et les gardes nationaux se sont généreusement cotisés pour les abreuver d'eau-de-vie. Pendant l'après-midi, la population se pressait sur la levée qui domine le Quartier, et contemplait curieusement ces dignes Allemands qui se promenaient bras dessus bras dessous avec leurs ennemis d'hier, sans perdre dans leur malheur une bouffée de leurs pipes.

Un accident a jeté vers onze heures une certaine émotion dans la ville. Un franc-tireur ébriolant démontrait dans un café le maniement du chassepot, quand il met en joue le boucher Hébert, assis à une table voisine. Le coup part et la balle traverse la tête du boucher, qui tombe raide mort. Le franc-tireur a été aussitôt arrêté et conduit en prison au milieu des menaces de ses camarades.

L'horizon, qui paraissait un peu dégagé, se rembrunit ce soir. Les Prussiens ont reparu à Janville et à Toury, qu'ils avaient momentanément évacués. On apprend en même temps qu'Ablis vient d'expier cruellement le coup de main des francs-tireurs. Aussitôt le départ de ceux-ci, les Prussiens y sont revenus en nombre, et, sous les ordres du major-général V. Schmitt, ont incendié le village. Ils ont emmené, en outre, quatorze habitants qu'ils se proposent de fusiller si les prisonniers ne leur sont pas rendus. ² Toujours le même système, la terreur et de lâches représailles! L'événement est, en

2.

tout cas, plein de signification pour les localités dont la défense est confiée à des corps francs : elles savent désormais ce qui les attend.

10 octobre.

Les journaux nous apprennent ce matin un des plus bizarres événements que l'histoire ait jamais enregistrés. Gambetta a quitté Paris en ballon, et, malgré quelques balles prussiennes, il est tombé sans encombre à Amiens, d'où il s'est rendu immédiatement à Tours. Est-ce la fortune de la France que portait cette nacelle plus légère et plus battue des vents que celle de César? J'hésite à le croire. Il ne s'agit pas, en effet, de plaider, mais de vaincre. En tout cas, le fait sort complètement de la vulgarité des incidents modernes, et je me figure volontiers que les érudits de l'avenir s'évertueront à le reléguer au nombre de ces fables que l'imagination populaire brode autour des pages les plus décisives de la vie des nations.

A trois heures, une certaine agitation se produit. On parle de Prussiens qui chevauchent dans le voisinage. Une quarantaine de uhlans, paraît-il, se sont montrés à Jallans, et l'un de ces batteurs d'estrade s'est même aventuré jusqu'à trois cents mètres de la ligne du chemin de fer. Le tambour appelle aussitôt la population sous les armes, le clairon sonne, le tocsin jette dans les airs sa note d'alarme. Tandis que les francs-tireurs et les gendarmes s'élancent dans la plaine, les gardes nationaux se massent aux abords de la route d'Orléans. Des volontaires accourent de tous côtés, armés de brocs, de fourches, de croissants. On ébauche même quelques barricades. Cependant les Prussiens ont quitté Jallans, et rien ne fait soupçonner une attaque. A six heures, les gardes nationaux rentrent en ville ; une compagnie seule va en reconnaissance.

Un détachement de gardes nationaux a conduit aujourd'hui à Vendôme les prisonniers d'Ablis. Français et Prussiens ont fraternisé en route et se sont quittés dans les meilleurs termes. A Vendôme, la garde nationale a fait une véritable ovation à celle de Châteaudun, et lui a offert un banquet qui a rempli une partie de la journée. Des toasts chaleureux ont été naturellement portés au succès de nos armes, et mon ami G... de V... a enlevé tous les applaudissements en évoquant le souvenir de Valmy.

Soirée calme. Le froid devient assez vif. Des gardes nationaux et des francs-tireurs passent la nuit à la gare.

11 octobre.

Nouvelles émotions. Le tambour bat toute la matinée, et la garde nationale se tient sous les armes. On croit l'ennemi aux environs. Hier soir, les quarante uhlans venus jusqu'à Jallans ont été attaqués à leur retour par les gardes nationaux de Varize et de Civry. Un officier a été tué, trois cavaliers faits prisonniers et quelques chevaux pris. Les habitants de Varize s'attendent à de prochaines représailles et ont réclamé du secours. Les francs-tireurs s'y sont rendus aujourd'hui et ont élevé des barricades à l'entrée du village.

Des troupes nous arrivent dans l'après-midi, deux escadrons du 1er régiment de marche de hussards, puis des mobiles assez mal équipés du Gers et de Loir-et-Cher. En un clin d'œil, Châteaudun prend l'aspect d'une petite place de guerre.

A cinq heures, une cour martiale se réunit à la mairie pour juger, conformément au décret du 2 octobre, le franc-tireur B..., inculpé d'homicide sur la personne du boucher Hébert. Elle se compose de deux capitaines, dont le plus ancien préside, d'un lieutenant et de deux sous-officiers. Un sergent-major remplit les fonctions de grèffier. L'accusé, qui est laid, vulgaire, sans dignité, et que ses fâcheux antécédents ne recommandent guère à l'indulgence, sanglotte au milieu d'un piquet de francs-tireurs qui occupe le fond de la salle. Rien de sinistre comme ce tribunal improvisé, à peine éclairé par deux bougies qui se reflètent sur les canons des chassepots. Les juges siégent autour d'une table, graves et sombres, la tête couverte de leurs casquettes galonnées d'or, et les mains croisées sur leurs sabres dont les poignées miroitent dans l'ombre. C'est un appareil glaçant. L'audience commence par la lecture des pièces de l'instruction. Cette première formalité est très-ennuyeuse. Le greffier ânonne horriblement et finit par s'embourber dans les termes médicaux du certificat qui constate le décès de la victime. L'audition des témoins n'ajoute rien aux données de l'information. Le capitaine Ledeuil procède ensuite à l'interrogatoire. Je dois dire qu'il s'acquitte de ses fonctions avec la convenance et l'impartialité d'un vieux conseiller. Après avoir fait connaître à l'accusé la plainte dont il a été l'objet, il lit les premiers articles du décret qui organise les cours martiales. Ce simple énoncé fait passer dans l'auditoire un léger frisson. Point d'avocat, point de révision, point de cassation, la mort pour tous les cas spécialement prévus, et l'exécution dans les vingt-quatre heures. C'est court, mais substantiel. L'interrogatoire porte, avant tout, sur le jeu qui a été imprimé, lors de l'accident, au chassepot. L'accusé s'explique d'une voix entrecoupée. S'il peut être établi qu'il a dû prendre une cartouche et la glisser machinalement dans l'arme, la Cour ne paraît pas éloignée de l'inculper d'homicide volontaire : auquel cas la peine de mort serait applicable. Le jugement est remis à demain.

12 octobre.

Audience à quatre heures. Le président de la cour martiale interroge de nouveau l'accusé, et résume à huis-clos les débats en posant la question d'homicide par imprudence. Puis les portes se rouvrent, et l'accusé rentre tremblant d'épouvante, les dents claquant, la figure convulsée. Une sentence prononcée « au nom de la Patrie envahie » le condamne à deux ans de prison, maximum de la peine, et à la dégradation militaire. En entendant le dispositif, un boucher qui se trouvait dans l'auditoire, profère un énergique bravo, par esprit de corps, sans doute. Le président fronce le sourcil et prescrit l'arrestation de l'interrupteur, qu'une demi-douzaine de francs-tireurs emmènent au violon. Cependant la Cour éprouve quelque embarras quand il s'agit de qualifier le fait, et, à la suite d'une observation de ma part, on relâche le boucher qui se voyait déjà passé par les armes.

De fâcheuses rumeurs couraient dans la journée. On se disait tout bas que notre armée avait été battue, ces deux derniers jours, devant Orléans. Ce soir, la nouvelle se précise. A neuf heures, une dépêche officielle informe le sous-préfet que l'ennemi est entré dans la soirée d'hier à Orléans. D'un autre côté, les éclaireurs du bataillon des francs-tireurs rapportent qu'un corps de quinze mille Prussiens marche sur Châteaudun et qu'un millier d'hommes occupent déjà Tournoisis. Le péril est imminent. Tambours, sifflets et clairons appellent à qui mieux mieux toute la garnison. Le Conseil municipal se réunit et prend l'avis des quatre commandants. Ceux-ci s'accordent à reconnaître, — M. de Lipowski tout le premier, — que la défense ne peut être utilement tentée contre les forces considérables qui paraissent menacer la ville, et se décident promptement à battre en retraite. Toutes les compagnies plient aussitôt bagage. En une heure, gendarmes, francs-tireurs, mobiles et hussards ont évacué Châteaudun. La garde nationale, en même temps, s'assemble en désordre, et son commandant l'invite à rendre ses armes. Quelques protestations s'élèvent, mais faibles, si je ne me trompe, et perdues dans l'assentiment silencieux de la majorité qui ne se soucie guère de se faire écharper dans une escarmouche d'intérêt local. Nous ne gardons pas, en effet, les Thermopyles, et l'effroyable tuerie qui suivrait une résistance désespérée, serait sans profit pour la grande cause de la défense nationale. Le désarmement s'effectue sans difficulté. Des voitures requises enlèvent immédiatement les armes, qu'un corps de volontaires est chargé d'escorter dans le Perche. Scène lugubre, du reste, et dont le cadre m'a singulièrement frappé. De sombres nuages courent rapidement et voilent, par moments, le disque plein de la lune qui, par moments aussi, jette une clarté blafarde sur les groupes tumultueux de la Place. Le vent souffle par violentes raffales, la pluie tombe à de courts intervalles. En proie à mille sentiments contraires, la population s'agite confusément dans un demi-jour plus sinistre que la nuit elle-même. C'est pour demain, se dit chacun, et l'on compte avec angoisse les heures de liberté qui restent. Quelques vieillards évoquent tristement le souvenir de Blücher qu'ils ont vu parader sur cette même place avec ses lanciers et ses canons. A minuit, cependant, l'agitation se calme et d'autres bruits se colportent : on prétend qu'il n'y a point de Prussiens à Tournoisis et qu'aucun corps ne

se dirige sur Châteaudun. Nous verrons bien
demain.

13 octobre.

Pas de Prussiens, effectivement. La cantinière
des francs-tireurs qui constituait seule le détachement en reconnaissance, paraît avoir été le
jouet d'une illusion. La population se sent prise
de défiance. Elle s'attroupe autour de la dépêche
qui annonce la prise d'Orléans, mais refuse
carrément d'y ajouter foi. Ce sont les Prussiens,
dit-on, qui l'ont expédiée en fraude, puis elle
n'est pas officielle puisqu'elle porte précisément
que les détails officiels manquent encore, enfin
toutes les inepties qui circulent dans les foules
effarées.

Il est de fait qu'aucune force ennemie ne
s'avance sur Châteaudun. La résolution du Conseil, prise de concert avec les quatre commandants, devient l'objet de commentaires passion-
nés. Ainsi que le 22 septembre, un revirement
s'opère dans les dispositions des gardes nationaux, changeants et versatiles comme de jolies
femmes. Plusieurs réclament avec une animation
croissante leurs fusils qui cheminent pacifique-
ment à cette heure sur la route de Nogent.
D'autres se font les champions de la décision

municipale et l'appuient de raisons stratégiques qui n'obtiennent aucun succès. Des menaces s'échappent de quelques bouches. Bref, c'est une petite émeute où la popularité naissante du nouveau Conseil va sombrer, s'il n'avise.

Un incident vient accentuer tout-à-coup les velléités belliqueuses des réclamants. Des tirailleurs de Loir-et-Cher, arrivés cette nuit de Vendôme, ne dissimulent pas leur désappointement en trouvant désarmés ces légionnaires avec lesquels ils ont banqueté deux jours auparavant, et porté dix toasts à nos futures victoires. Des gardes nationaux du canton de Bonneval sont accourus également, quand ils ont appris que le chef-lieu de l'arrondissement était menacé. Ces manifestations froissent naturellement l'amour-propre local. Mais quelle n'est point l'irritation populaire, quand on signale, à dix heures, la présence de cinq uhlans au bout de la rue d'Orléans! On est désarmé, et, si des étrangers ne se trouvaient là à point nommé, il faudrait subir la loi de quelques cavaliers. L'alerte n'a point de suite, d'ailleurs. Les tirailleurs vendômois, embusqués dans les vignes, lâchent plusieurs coups de fusil, et les uhlans tournent bride.

Cette fois, l'orage éclate. On est outré du sans-façon avec lequel ces maraudeurs sont venus caracoler aux portes de la ville; on jette feu et flamme contre la mesure qui nous livre à leur

merci. D'un autre côté, le préfet, consulté par le
Conseil, critique le départ « prématuré » des
commandants, et affirme avec la tranquille assu-
rance d'un tacticien de premier ordre que « la
marche d'un véritable corps d'armée de Tournoisis sur Châteaudun est invraisemblable. »
En tout cas, ajoute-t-il, l'évacuation de la ville
a le grave inconvénient de permettre « à quelques
éclaireurs de couper notre ligne de retraite par
Courville. » A midi, la municipalité ordonne le
réarmement immédiat. M. Lemay, second
adjoint, se met à la recherche des francs-tireurs
et des fusils qu'il retrouve les uns à Courtalain,
les autres à Nogent. Que s'est-il passé entre lui
et le commandant de Lipowski? Je ne suis pas
dans le secret des dieux, et je me garderais de
rien affirmer. Cependant, une vague rumeur a
porté jusqu'à moi un dialogue qui ne manque
pas de vraisemblance. Le représentant de la
municipalité ayant annoncé que la ville voulait
se défendre, M. de Lipowski lui aurait demandé
si cette résolution était irrévocablement prise :

— « Autrement », aurait-il ajouté avec une
logique indiscutable, « je préférerais continuer
ma retraite. On résiste à outrance, ou l'on ne
résiste pas du tout : je ne connais pas de moyen
terme. Mais, si votre parti est arrêté sans retour,
je me consacre tout entier à la défense de la
ville. Seulement vous me laisserez libre d'agir

à ma guise et d'organiser la résistance comme je l'entendrai.

— « Bien entendu, » aurait répondu M. Lemay, « cela va de soi et vous avez carte blanche. »

Ces derniers mots, — à supposer qu'ils aient été prononcés, — sont plus gros qu'ils n'en ont l'air. J'y vois une grave imprudence dont les conséquences échappent à toute prévision. Sans doute la municipalité ne peut pas, si elle associe les francs-tireurs à l'œuvre de sa défense, prétendre à la suprême direction de leurs opérations militaires ; mais elle ne doit pas non plus se livrer pieds et poings liés à leur bon plaisir. Elle tient du suffrage de ses mandants des droits et des devoirs qu'elle ne peut pas abdiquer, et, à moins de m'abuser étrangement, je crois que, dans le cercle restreint où s'agite son action, les intérêts de la ville qu'elle représente doivent primer à ses yeux ceux d'un corps franc en quête de bruyantes aventures.

L'après-midi se passe dans une tranquillité relative. A cinq heures, nouvelle alerte. Les cavaliers aperçus le matin ont reparu. Des gardes nationaux de Lutz battent quelque temps la plaine et finissent par tuer un uhlan. Je regrette de transcrire la scène qui a suivi cet infiniment petit succès. La dépouille du cavalier est ramenée dans la ville avec un appareil quasi-triomphal. Des clairons ouvrent la marche, puis vient un détachement de gardes nationaux, et enfin une charrette qui renferme le cadavre et que la plèbe entoure de ses acclamations. On n'aperçoit que deux pieds nus, livides, souillés de boue, qui se projettent en avant, et par derrière une tête qui vacille avec les cahots du véhicule. Un des purs de la démocratie dunoise se dresse au milieu de la charrette, un pied sur le ventre du malheureux encore tiède, et agite avec frénésie le casque et les armes de ce dernier. Le cortége traverse la Place, passe sous les fenêtres de l'Hôtel-de-Ville, et après je ne sais quel tour dans les rues, gagne le cimetière, où la plus simple décence lui faisait un devoir de se rendre tout d'abord. Jamais spectacle ne m'a plus révolté. Où en sommes-nous donc pour qu'un cadavre mutilé suffise à exciter la joie publique, pour qu'on batte des mains à la vue d'un cavalier tué comme un lapin par cinquante traqueurs ? La guerre autorise-t-elle de tels scandales, et les haines nationales ne doivent-elles pas se taire devant la majesté de la mort ? Il convient d'ajouter que la population honnête protestait par son attitude indignée contre cette sanglante exhibition et s'écartait avec dégoût du chemin qu'elle suivait.

Les francs-tireurs reparaissent et se disposent à camper cette nuit sur les trottoirs de la Place. Enveloppés dans leurs manteaux, et pelotonnés contre les boutiques, ils ressemblent à des paquets oubliés. Le froid est très-vif, l'humidité, pénétrante et glaciale ; mais une attaque paraît imminente et l'on veut prévenir toute surprise.

14 octobre.

La nuit a été très-agitée. Des francs-tireurs sont venus frapper violemment aux portes, et, d'un ton qui n'avait rien de paternel, inviter les habitants à prêter leur concours à l'édification des barricades. Décidément on se défend, et à outrance. J'avoue que la perspective de remuer des pavés sous la haute direction d'un franc-tireur m'a laissé un peu froid et que je suis resté lâchement au lit. D'autres ont été moins heureux. Des prêtres eux-mêmes ont été requis. On m'a cité un convalescent qui, au sortir d'une maladie terrible, a été emmené de force : il a fallu les protestations énergiques de quelques personnes pour le soustraire à cette exigence abusive.

Ce matin, des placards d'un jaune exaspéré flamboient sur tous les murs. C'est une proclamation de M. de Lipowski, qui a pris le commandement militaire de la ville et en informe la population comme il suit :

« VILLE DE CHATEAUDUN.

« Le Commandant supérieur des francs-tireurs, en prenant le commandement de Châteaudun, fait savoir aux habitants qu'il a fait, hier 12 octobre, la proposition suivante : de défendre Châteaudun jusqu'à la dernière extrémité. Il donnait une demi-heure aux autorités de la ville pour lui faire connaître leur décision.

« M. le Sous-Préfet, au nom de la ville, a rapporté la réponse suivante :

« Que l'on ne se défendrait pas, afin de ne « pas exposer la ville au pillage et à l'incendie. »

« Le Commandant, qui, partout où il a passé, a levé en masse la garde nationale et les habitants, désavoue complètement le désarmement de la garde nationale de Châteaudun.

« Châteaudun, le 13 octobre 1870.

« Le Commandant supérieur des francs-tireurs
de la ville de Paris,
« Comte Ernest DE LIPOWSKI. »

Ce document ne manque pas de raideur. Est-ce à dire qu'il défie toute critique ? Évidemment non. Des gens méticuleux pourraient contester, par exemple, l'à-propos du désaveu formulé dans le dernier alinéa. Cependant la municipalité, dans une pensée de conciliation, « se fait un devoir de s'abstenir de toute discussion ou justification de ses actes qui n'ont d'autre objet que l'intérêt de la ville. »

En une nuit, Châteaudun s'est hérissé de bar-

ricades. Ce ne sont plus, comme les jours derniers, quelques charrettes renversées ou quelques
tonneaux flanqués de solives. Les Parisiens
s'entendent mieux à ce travail que nos bourgeois
pacifiques. Ils ont élevé partout de bons et
solides ouvrages, composés de terre, de pavés,
de fascines, de sacs de sable, et vraiment de
nature à défier l'attaque de tous les uhlans de la
chrétienté, voire même d'un régiment d'infanterie. Toutes les issues sont ainsi fermées et
fortifiées. Ailleurs, des abattis d'arbres obstruent
les chemins et interdisent, comme des chevaux
de frise, tout accès à la cavalerie.

Les fusils, ramenés de Nogent, sont rendus
aux gardes nationaux. Plusieurs manifestent leur
satisfaction et flairent déjà l'odeur de la poudre ;
mais une partie de la population n'est pas sans
inquiétude, et, pourquoi ne pas le dire? elle
envisage avec effroi les conséquences auxquelles
une résistance désespérée peut exposer la ville.
— « Notre sort est clair, » me disait aujourd'hui
un habitant de la rue Dunoise, « nous serons
bombardés et incendiés. » Le fait est qu'Ablis
donne à réfléchir. Les opérations des francs-
tireurs sont toujours fatales aux pays qui en sont
le théâtre. Les Prussiens ont mis hors la loi ces
combattants nocturnes et font subir aux habitants
qui les hébergent, la responsabilité de leurs
attaques. C'est cruel, barbare, atroce tant qu'on

voudra ; mais ce n'est pas douteux: Trop d'exemples en font foi. On comprend dès lors que nombre de gens, très-disposés à appuyer des plus douloureux sacrifices l'action de troupes régulières, ne voient qu'avec répugnance les préparatifs d'une défense qui ne se rattache à aucun plan général et qui emprunte ses plus redoutables périls à la qualité même de ceux qui l'organisent.

A trois heures, dégradation du franc-tireur B..., meurtrier involontaire du boucher Hébert, en présence des troupes assemblées. La garde nationale, les francs-tireurs, les mobiles et les hussards, revenus également du Perche, s'alignent sur la Place et forment un vaste carré au centre duquel on amène l'accusé. Lecture de la sentence est faite à ce dernier, puis on lui enlève la patte rouge de sa vareuse et on le promène devant le front des troupes. Un défilé général s'opère ensuite sous les yeux du commandant de Lipowski, élégant cavalier, dont une barbe noire encadre les traits caractérisés. Un spahis qui lui sert, je crois, d'ordonnance, amuse la foule par sa figure exotique, son étrange ajustement et la fantasia du galop qu'il imprime à son cheval.

15 octobre.

Les hussards sont partis dès le matin. Les

3.

francs-tireurs continuent leurs préparatifs de défense. Ils transforment en redoute la butte qui s'élève à l'angle du parc des Dames-Blanches et percent de meurtrières le long mur qui ferme la ville de ce côté. On annonce en même temps, mais sous réserve, l'envoi de canons et de mitrailleuses.

Des gardes nationaux de Lutz amènent un hussard de la mort avec son cheval. On parle d'un escadron prussien qui aurait été attaqué hier à Varize, et qui aurait perdu quelques hommes. Ce bruit ne tarde pas à recevoir une sinistre confirmation. A deux heures, la nouvelle se répand tout-à-coup que Varize et Civry sont en feu : les Prussiens sont revenus en force et ont incendié les deux villages. Du haut de la tour du château, nous apercevons effectivement des tourbillons de fumée blanche et par intervalles quelques jets de flamme qui brillent sur le fond embrumé du ciel. Qui m'eût dit, il y a deux mois, alors que je peignais tranquillement le paysage riant qui s'encadre dans la fenêtre romane de la salle ronde, que de cette même fenêtre je viendrais presque chaque jour épier la marche de l'ennemi et chercher à l'horizon quelque trace des calamités de la guerre?

Un placard nous informe que Châteaudun est déclaré « par ordre supérieur » en état de siége. Tous les pouvoirs passent, en conséquence, à

M. de Lipowski. Le rôle de la municipalité s'efface devant cette dictature militaire. Le lieutenant Marcelli est nommé commandant de place, et ce n'est plus qu'avec son autorisation qu'on peut franchir les limites étroites de la ville.

16 octobre.

Bonnes nouvelles de Paris. De vigoureuses sorties ont délogé les Prussiens de toutes leurs positions. M. de Kératry est parti en ballon, et, après avoir touché terre une première fois à une faible distance des postes ennemis, il est allé tomber, quelque peu contusionné, à Chaumont. Puisse-t-il, comme le *deus ex machina,* contribuer au dénouement de la tragédie qui se joue depuis trois mois!

Plusieurs familles de Varize se sont réfugiées ici. Des blessés sont à l'hospice, et j'ai recueilli de leur bouche de précieux détails sur l'affaire d'hier. Le procureur de la République a fait de son côté une minutieuse enquête. Tous ces renseignements, puisés aux sources les plus sûres, ne seront pas sans intérêt pour les futurs historiens de la guerre et méritent à ce titre d'être scrupuleusement consignés.

J'ai déjà rapporté comment, le 10 octobre,

quarante uhlans avaient traversé Varize. Les
gardes nationaux de cette commune et ceux de
Civry s'étaient embusqués sur la route qu'ils
devaient suivre au retour, et les avaient attaqués
avec succès. Le lendemain, sur leur demande,
une compagnie de francs-tireurs de Paris se
rend à Varize, élève plusieurs barricades et perce
de créneaux les murs du château, qui protègent
les deux issues du village. Le 14, deux cents
cavaliers ennemis sont signalés dans le voisinage. Une centaine de gardes nationaux se
postent derrière les barricades et les saluent
d'une décharge générale. Dix uhlans vident la
selle. En un clin d'œil, les autres les relèvent et
s'enfuient. Dans la soirée, la population, électri-
sée par l'imminence du péril que son agression
courageuse a provoqué, continue ses préparatifs
de défense. Un charron de Civry transforme en
un canon rudimentaire une boîte de roue qu'on
charge de mitraille. Le 15, enfin, à onze heures
du matin, on aperçoit à travers le brouillard cinq
cents cavaliers prussiens et une centaine de fantassins munis de deux canons. Les gardes nationaux, au nombre de soixante, courent sans
hésiter à leur poste. Quand l'ennemi semble à
portée, ils donnent le signal de l'attaque en faisant partir l'engin si laborieusement construit ;
mais il éclate au visage de ses pointeurs impro-
visés, sans faire de mal aux Prussiens. Les gardes

nationaux n'en fusillent pas moins les cavaliers,
qui reculent en désordre. Tout-à-coup l'artillerie
entre en jeu. Cinquante obus pleuvent sur le
village et allument un incendie. Les défenseurs,
chassés par les projectiles, abandonnent les
retranchements et se réfugient dans les roseaux
qui bordent le cours marécageux de la Conie.
Les barricades sont emportées par l'ennemi, et
le village est livré à toutes les horreurs du pillage et de l'incendie. Les soldats pénètrent dans
chaque maison, y enlèvent tout ce qui est à leur
convenance, puis y mettent le feu, tantôt avec
du pétrole, tantôt avec des torches de paille.
Par un raffinement de barbarie, ils forcent même
quelques malheureux à incendier de leurs
propres mains leurs granges pleines de récoltes.
Deux heures après, Varize n'était plus qu'un
amas de pignons noircis et de murailles fumantes.
Soixante-quatorze maisons étaient détruites. Il
ne restait debout que la maison du notaire où
le feu, malgré trois tentatives, n'avait pu prendre,
et l'église, que la soldatesque avait respectée.

La commune voisine de Civry, dont les gardes
nationaux ont pris part à la résistance de Varize,
subit le même traitement. Cinquante-trois maisons, qui ont échappé au terrible incendie du
11 juillet, sont livrées aux flammes.

Mais ces désastres matériels ne suffisent pas
aux lâches représailles de l'ennemi. A Varize

comme à Civry, les habitants qui ne peuvent s'échapper sont impitoyablement massacrés. Il s'est passé là des scènes d'extermination qui donneront à ces deux communes la triste notoriété de Bazeilles. Je veux citer des noms pour ne pas être taxé d'exagération. Un nommé Gouin, facteur rural, qui n'avait point participé à la défense, expire ainsi sous les lances des uhlans. Un nommé Tachaud, garde national, se rend et est immédiatement fusillé. Dans un petit bois, les nommés Belhomme, Homasson père et fils, un quatrième dont le nom m'échappe, sont découverts et tués : aucun d'eux ne portait d'armes. Un jeune clerc de notaire, du nom de Barrier, reçoit vingt-deux coups de lance dont aucun, par miracle, n'est mortel. Deux vieillards sont tués à coups de pistolet. A Civry, un nommé Prévost, qui n'a pas moins de soixante-dix ans, tombe, percé d'une balle, sur le seuil de sa demeure. Veut-on quelque chose de plus affreux? Une femme Bougrain, mère de sept enfants, se traîne aux pieds des soldats, en demandant à grands cris la vie de son mari, qui a été arrêté. Pour toute réponse, les Prussiens tuent le prisonnier d'un coup de pistolet, et, d'un autre, blessent la femme elle-même. Je ne sais comment qualifier le détail par lequel je veux clore cette série d'horreurs renouvelées d'un autre âge. Il se trouve un soldat assez infâme pour

tirer sur une femme qui fuit en portant un enfant de dix mois dans ses bras. La femme est
mortellement atteinte, et l'enfant, frappé de la
même balle, roule sur le chemin, où il a été
recueilli plus tard. Je l'ai vu aujourd'hui à
l'hospice, reposant d'un paisible sommeil qui
contrastait étrangement avec les scènes abominables dont il avait été la victime inconsciente.
La balle a été extraite, et le médecin croit que
l'enfant survivra.

Jamais, sans doute, les Prussiens ne pren-
dront la peine d'alléguer une excuse à l'appui
de leurs procédés sans nom. Qu'importe au futur
empereur d'Allemagne deux villages incendiés
et deux cents familles au désespoir? *De mini-
mis non curat.* On sait, d'ailleurs, que l'écu de
la Prusse a pour tenants deux sauvages. La
langue du blason a parfois son éloquence. Mais
je veux constater dès à présent que l'ennemi ne
peut se couvrir d'aucune prescription de son
code militaire, quelle qu'en soit la rigueur toute
barbare. La défense de Varize et de Civry a été
l'œuvre de la garde nationale seule, et cependant le pillage, l'incendie, le massacre, ont
suivi le facile succès des Prussiens. Huit personnes sans armes ont été assassinées, et
l'ennemi, dans sa froide cruauté, n'a épargné ni
un enfant au berceau, ni des vieillards inoffensifs
que la frayeur avait chassés dans les taillis.

Les règles les plus élémentaires du droit des gens ont été outrageusement violées. Je ne parle pas des lois de la morale et de l'humanité : l'ennemi ne s'en soucie guère, et sa férocité instinctive, gouvernée par une discipline de fer, lui fait trouver, au contraire, je ne sais quelle joie farouche à l'exécution d'ordres que le dernier de nos soldats repousserait avec indignation.

Au milieu du tourbillon d'événements qui nous emporte, l'héroïsme de cette population qui, sans autre inspiration que son patriotisme et la haine de l'étranger, a tenté une résistance impossible, passera sans doute inaperçu. Les journaux lui consacrent deux lignes sèches et glaciales comme un télégramme : « On signale la présence de Prussiens en nombre à environ douze kilomètres de Châteaudun. Ils mettent le feu aux villages de Varize et Civry. » L'histoire sera-t-elle moins laconique ?

Cent quinze francs-tireurs de Nantes, costumés de gris et coiffés de feutres noirs à plume, viennent renforcer le bataillon Lipowski. C'est une troupe de belle apparence et d'allures aussi calmes que résolues. Les francs-tireurs des Alpes-Maritimes nous envoient également un contingent de cinquante hommes.

Passé l'après-midi à Saint-Gilles. Malgré la gravité des circonstances, un imbroglio grotesque nous met en gaîté. Nous gravissions la rue du Griffon quand nous sommes rejoints par un tanneur qui accompagnait une voiture chargée de cartouchières et dirigée sur Tours. Deux capitaines de francs-tireurs passent à ce moment, observent la voiture d'un œil soupçonneux, s'informent de son chargement, et un quart-d'heure après, de retour à Châteaudun, envoient l'ordre de l'arrêter. Bientôt le parc de Saint-Gilles est envahi de force, et une vingtaine de francs-tireurs se répandent dans ses allées abruptes, cherchant partout la voiture, qu'ils supposent cachée, furetant dans les bouquets d'arbres, posant des sentinelles à toutes les issues, gardant même, par une prudence raffinée, le cours de la rivière. Il y avait dans ces investigations, opérées avec un sérieux magnifique, une si amusante impossibilité, que nous avions peine à contenir notre hilarité. Pendant ce temps, la voiture suivait tranquillement la route de Saint-Denis-les-Ponts. Quelques heures après, l'histoire avait circulé dans les quartiers bas de la ville, brodée et agrémentée selon l'usage. Ce n'étaient plus des cartouchières, c'étaient des munitions de guerre que la voiture contenait, et le châtelain de Saint-Gilles avait habilement dissimulé le tout dans les profondeurs de son parc, avec l'évidente intention de paralyser la défense. Bref, une nouvelle conspiration des poudres, un crime justiciable de la cour martiale.

17 octobre.

Grande affluence aux abords de la Sous-Préfecture. On procède à la révision des gardes nationaux célibataires que le décret du 29 septembre a mobilisés. Point de bruit dans les groupes. Ni faiblesse, ni forfanterie. Le flegme beauceron ne se dément pas en cette conjoncture, et les hommes se rendent à l'appel avec la froide résolution qui est le trait distinctif du vrai courage.

Un revirement paraît s'être opéré dans les dispositions militaires. Sur la foi de je ne sais quels renseignements, on prétend que l'armée ennemie, qui marchait vers la Loire, serait en pleine retraite. La présence de troupes à Châteaudun n'aurait plus de raison d'être : francs-tireurs et mobiles seraient, en conséquence, dirigés vers une autre destination. Je ne serais pas surpris qu'on requît ce soir des hommes de bonne volonté pour démolir les barricades si précipitamment édifiées. Cependant l'instant me semblerait mal choisi. Les Prussiens rôdent si bien dans nos alentours, qu'à une heure on signale l'incendie de deux hameaux de Lutz,

Menainville et Bassonville. Du chemin de fer on aperçoit, en effet, des nuages de fumée. Des francs-tireurs partent aussitôt; mais, comme toujours, en pareil cas, ils arriveront trop tard.

Encore un incident comique à inscrire au chapitre des arrestations. C'est le président du tribunal qui a payé aujourd'hui sa dette à cette monomanie des gardes nationaux. Des commères l'ont aperçu sur la route de Courtalain, au moment où, fermant un livre, il se baissait contre des ceps à demi-dépouillés, et allumait une cigarette à l'abri du vent. Dénonciation est aussitôt faite à l'autorité militaire de l'endroit. Une demi-heure après, quatre hommes et un caporal envahissent le parc de La Fontaine et procèdent à l'arrestation du promeneur suspect, dont ils ont suivi la piste. Celui-ci se fait connaître. N'importe, il y a un ordre, et les gardes nationaux l'exhibent : c'est une réquisition en règle, à l'effet de « rechercher et arrêter un individu vêtu de noir, coiffé d'un feutre gris, portant des lunettes, ayant sous le bras un calepin, et parcourant les campagnes en prenant des notes ou traçant des plans; s'il ne peut être trouvé sur le territoire de la commune, se transporter rapidement à Douy, y donner le signalement ci-dessus; ne rien négliger, en un mot, pour découvrir ce dangereux espion. » On devine comment la scène s'est terminée. Le quiproquo s'est éclairci au poste et le président a été rendu à la liberté.

Le courrier d'Orgères est revenu ce soir de Saint-Péravy, où il avait fait involontairement séjour. Avant-hier, en arrivant à Varize, il était tombé au milieu des Prussiens, et après avoir reçu quelques coups de sabre, il avait été emmené au camp. Il y est resté deux jours, et lorsqu'il a été relâché, les Prussiens lui ont annoncé nettement qu'ils avaient l'intention de faire subir demain à Châteaudun le sort de Varize. Quelque effrayante que soit cette menace, on ne semble pas y attacher grande importance.

. . . .

20 octobre.

Mon journal a été interrompu, et par quelle épouvantable catastrophe! En vingt-quatre heures, et avec une rapidité qui déconcertait la réflexion, nous avons assisté à toutes les horreurs d'une prise d'assaut. Bombardement, combats dans les rues, massacre, incendie, pillage, rien n'a manqué au programme favori des Prussiens. Plus calme aujourd'hui, les nerfs détendus et l'esprit allégé par la retraite de l'ennemi, je vais essayer de transcrire la série d'émotions que chaque heure nous apportait, en ajoutant à mes impressions personnelles les renseignements que j'ai pu recueillir après la consommation du désastre.

I

L'ATTAQUE

La matinée du 18 octobre s'était passée paisiblement, et nul incident ne faisait prévoir l'horrible drame qui devait clore la journée. Une attaque soudaine entrait même si peu dans les prévisions, qu'au point du jour les mobiles du Gers avaient quitté la ville. Les francs-tireurs de Paris devaient l'évacuer également, et ce n'est qu'à dix heures, sur un contre-ordre venu de Tours et sollicité, dit-on, par le maire, que le commandant de Lipowski s'était décidé à rester. A midi, au moment où la garde nationale relevait, comme d'ordinaire, le poste de l'Hôtel-de-Ville, un médecin signale tout à coup le voisinage des Prussiens, qu'il vient de rencontrer en rase campagne. Le clairon sonne aussitôt, les tambours battent la générale, le tocsin tinte à coups pressés. Du haut de la tour du château, je vois la plaine se couvrir en quelques instants de troupes ennemies. A peine leur approche est-elle connue, et déjà elles occupent les alentours presque immédiats de la ville. Ce ne sont plus cette fois quelques uhlans en reconnaissance, c'est tout un corps d'armée que nous avons su depuis s'élever à huit mille hommes, sans compter une réserve de cinq mille hommes restée à Saint-Cloud. Fantassins et cavaliers sortent en phalanges serrées des routes d'Orléans et de Beaugency. La surprise est foudroyante. Comment les reconnaissances opérées par les francs-tireurs, comment les renseignements rapportés par le courrier d'Orgères et communiqués à M. de Lipowski, n'ont-ils pas réussi à la conjurer? Je ne suis pas le seul qui se soit posé cette question. Quelle qu'en doive être la solution, le mouvement de l'ennemi s'accuse avec une évidence qui ne permet plus d'illusions. De la route de Chartres au bois de la Varenne, un vaste demi-cercle enserre la ville et se rétrécit promptement. L'opération a manifestement pour objet de cerner et de capturer les francs-tireurs. L'artillerie qui compte trente canons, prend en même temps position. Plusieurs batteries s'établissent à trois cents mètres de la gare, à peu près à la hauteur de la tuilerie sise sur la route d'Orléans ; les autres vont se placer au sud de la ville, près de la route de Vendôme, dans le voisinage de Saint-Aubin et derrière Mondoucet, à une distance moyenne de mille mètres de l'Hôtel-de-Ville.

Tandis que l'infanterie prussienne développe rapidement ses lignes, une fébrile activité règne dans la ville. Gardes nationaux et francs-tireurs courent aux armes et vont s'embusquer, les uns derrière les barricades qui ferment toutes les issues, les autres dans des vignes, où ils se déploient en tirailleurs. Rien n'avait été prévu, du reste, aucun poste n'était assigné aux différentes compagnies, et le hasard préside à peu près seul à la distribution des forces. En même temps les employés du chemin de fer sauvent le matériel. Le train, composé d'une locomotive et de cinq vagons, s'élance à toute vapeur et franchit le passage à niveau de La Chapelle-du-Noyer au moment même où un escadron de uhlans débouchait à deux cents mètres pour couper la voie.

A une heure, sept coups de canon dirigés contre la gare, qui n'est pas défendue, donnent le signal de l'attaque. Peu d'instants après, le sifflement plaintif et strident d'un obus déchire l'air. Le projectile tombe aux alentours de l'église Saint-Valérien et éclate en lançant un jet de feu. D'autres obus viennent frapper l'Hôtel-de-Ville qui devient le point de mire de l'ennemi. Les tuiles volent en éclats de toutes parts, les toitures s'entr'ouvrent, les cheminées s'écroulent avec un fracas terrifiant, des nuages de poussière et de fumée s'élèvent des édifices atteints. C'est un bombardement en règle, continu, impitoyable, sans aucun de ces préliminaires consacrés par le droit des gens, sans qu'aucune sommation ait pu avertir les habitants du péril qui les menace. Les détonations se succèdent sans interruption. Un obus vient même égratigner le vieux donjon de Thibault-le-Tricheur, à quelques pieds de la fenêtre gothique qui me sert d'observatoire. Malgré l'intérêt passionnant du spectacle, je me décide alors à quitter le château, et je me retire à l'hospice en traversant deux ou trois rues désertes, sous une pluie de décombres et de projectiles.

II

DERRIÈRE LES BARRICADES

Aux Dames-Blanches. — Une lutte très-vive est engagée déjà du côté de Mondoucet, habitation isolée dont les abords sont plantés de petits bouquets d'arbres. Les Prussiens s'en sont emparés et dirigent, par les fenêtres ou par des ouvertures pratiquées dans les murs, un feu bien nourri sur les nôtres qui, masqués par l'enceinte du couvent des Dames-Blanches, abrités par une barricade élevée sur le chemin de Lisambardière, leur répondent vigoureusement. L'artillerie pointe fréquemment la redoute qui se dresse à l'angle du clos et d'où quelques francs-tireurs, couchés à plat ventre et protégés par des fascines, fusillent avec succès les canonniers. Mais les obus passent au-dessus et vont éclater bruyamment dans les profondeurs du parc, écorchant les pelouses et hachant les arbres. Deux projectiles seuls ébrèchent le mur d'enceinte, et la chute des moëllons déconcerte un instant les défenseurs. Cependant, ils recouvrent aussitôt leur sang-froid, et la mousqueterie continue, ardente, serrée, meurtrière pour les Prussiens dont les balles, au contraire, se perdent toutes dans le taillis. Une pièce finit même par être démontée et quelque temps abandonnée. Tout à coup une crête de flamme perce le toit de Mondoucet. Un obus lancé par mégarde a incendié la maison, et le feu, en se propageant rapidement, chasse les Prussiens des étages supérieurs qui s'effondrent. Derrière les murailles fumantes, derrière les arbres du bois voisin, par les meurtrières de la grange, ils continuent leur tir, mais sans résultat. La nuit tombe sur les combattants, et l'ennemi, qui n'a pas gagné un pouce de terrain, abandonne la position.

Rue de Chartres. — Cinquante francs-tireurs s'étaient postés derrière la barricade qui fermait la rue de Chartres. Un garde national, M. Brossier, y était dès avant l'attaque en sentinelle, et cette circonstance, en exaltant chez lui le sentiment du devoir, lui a inspiré une froide énergie qui a fait l'admiration de ses voisins et que peut-être il ne se connaissait pas lui-même, ainsi qu'il l'a modestement avoué. Les Prussiens ne se sont montrés qu'à deux heures dans l'avenue Florent-d'Illiers. Les quatre premiers qui ont paru en vue de la barricade, sont tombés immédiatement. Leur sort n'était pas douteux, et cependant ils s'avançaient avec la flegmatique insouciance de gens qui vont à la parade. Les autres se répandent aussitôt dans les jardins d'alentour, le long d'un ravin hérissé de broussailles, et dans le clos de Bel-Ébat. Une maison inachevée qui fait face à la barricade, est envahie, et un feu violent s'échange toute la journée sans que les assaillants fassent d'ailleurs, malgré leur nombre, une tentative sérieuse pour emporter la position. Dix francs-tireurs roulent successivement au pied des créneaux d'où ils ajustent l'ennemi. Décimés eux-mêmes sous une grêle de balles qui manquent rarement leur but, les Prussiens ne paraissent pas se douter qu'en sacrifiant quelques hommes ils franchiraient l'obstacle et se trouveraient presque sans coup férir au cœur de la place.

Rue d'Orléans. — L'action est chaude aussi de ce côté. Un grand nombre de défenseurs se pressent derrière la barricade ou s'embusquent aux fenêtres. Les Prussiens, côtoyant prudemment les maisons qui forment retraite dans le haut de la rue, et s'avançant jusqu'à l'encoignure du n° 52, font feu, mais sans succès, de ces deux angles ou des jardins environnants. Une batterie dirige en même temps ses projectiles dans la direction de la barricade et crible les habitations voisines. Pour se soustraire à l'habile mousqueterie des francs-tireurs, les artilleurs, après avoir pointé et tiré chacune de leurs pièces, les ramènent immédiatement pour les recharger en toute sécurité, dans les champs où, par l'effet d'un pli de terrain, les balles ne sauraient les atteindre. Mais, toutes les fois qu'ils reparaissent sur la route, la cantinière des francs-tireurs, en observation au faîte d'une maison qui domine la rue, agite un mouchoir, et à ce signal une décharge générale part aussitôt de la barricade. Des pièces ont été ainsi démontées dans le cours de la journée. C'est un sergent-major qui commande le feu. Debout sur la banquette du retranchement, il donne ses ordres avec un sang-froid merveilleux. Une volée d'obus effarouche un moment ses hommes.

— « Ne faites pas attention à ce tas de saletés qui tombent » s'écrie-t-il, et il continue à commander et à viser lui-même avec un rare bonheur les Prussiens qui se risquent dans la rue. A la fin du jour, le commandant de la garde nationale, qui s'était armé d'un chassepot et faisait lui-même le coup de feu, est blessé grièvement à la mâchoire. Un peu plus tard, l'action est interrompue par l'obscurité et la barricade abandonnée par les francs-tireurs que le signal du ralliement appelle sur la Place.

Sur les autres points, chacun fait bravement son devoir. Rue de Jallans, le capitaine Géray, assisté de vingt-six francs-tireurs de Paris, de douze francs-tireurs de Nantes et de Cannes, et de quelques gardes nationaux, défend une barricade jusqu'à la dernière heure, la tête haute sous les projectiles ennemis, et sans tenir compte de son âge qu'il fait oublier à tous par son ardeur infatigable. A la Guinguette, une centaine de Nantais et de gardes nationaux se sont disséminés en tirailleurs dans les vignes ou retranchés dans les maisons. L'affaire est à peine engagée qu'une balle frappe mortellement le capitaine des Nantais. Quelques gardes nationaux tombent également. La lutte se poursuit néanmoins avec acharnement jusqu'à ce qu'un obus mette le feu au hameau qui devient promptement la proie des flammes.

III

A L'HOTEL-DE-VILLE

Tandis qu'à la faveur des retranchements, les défenseurs arrêtent l'ennemi sur tout le périmètre de l'attaque, la municipalité, représentée par MM. Lumière et Humery, demeure en permanence à l'Hôtel-de-Ville. Intrépide à son poste, le maire attend de sang-froid l'issue des événements. Cependant, les obus pleuvent sur l'édifice dont ils brisent les corniches et fracassent les toitures. Un projectile éclate même dans le bureau des employés, crève une table, transperce un registre, crible le mur et allume un commencement d'incendie dans les archives. A ce moment, M. Lemay, adjoint, entrait dans la salle et venait prendre sa part du péril commun. Un éclat lui rase l'oreille, quelques grains de poudre l'atteignent au visage, et on le transporte sourd et pris d'une fièvre violente, dans une ambulance voisine.

Sur la Place, le commandant de Lipowski, abrité par la ligne des petites maisons situées entre les rues d'Orléans et d'Angoulême, donne ses ordres et dirige l'action. Une réserve de soixante hommes, sous le commandement du capitaine La Cécilia, ' se tient prête à porter des renforts aux détachements qui faiblissent.

IV

A L'HOSPICE

Dès les premiers coups de canon, l'hospice
devient le refuge d'une foule de femmes et
d'enfants. Les religieuses du couvent des Dames-
Blanches s'y sont retirées également, et, age-
nouillées sur les dalles des sous-sol, elles
récitent d'une voix entrecoupée les prières des
morts. Au chevet des victimes, les sœurs de
Saint-Vincent-de-Paul accomplissent leur œuvre
de miséricorde avec une impassibilité que le
bruit croissant de l'artillerie ne trouble pas un
instant. Vers trois heures, un obus s'abat sur
les mansardes du second étage, et ses éclats
pénètrent dans une salle où reposent des blessés. Ceux-ci, saisis de terreur, s'échappent tout
sanglants. Un franc-tireur qui a subi un quart-
d'heure auparavant l'amputation d'un bras,
descend deux étages, seul, demi-nu, et le moi-
gnon pantelant. Trois autres projectiles éclatent
successivement dans plusieurs salles, mais sans
blesser heureusement personne. J'énonce le fait
sans le commenter. Les Prussiens le nieront
effrontément ou imagineront, pour se justifier,

quelque erreur de pointage; mais leurs expli-
cations ne trouveront ici que des incrédules. La
situation des lieux les réfute à l'avance. L'hospice, complètement isolé, s'élève au sommet
d'un promontoire qui s'avance entre le val
Saint-Aignan et la vallée du Loir. Aucun obstacle ne masquait aux artilleurs ses vastes
façades. Point de confusion possible. Le drapeau
blanc croisé de rouge flottait non-seulement au
campanile, mais à l'angle même du pavillon
atteint par les obus, et je me suis assuré depuis
qu'il était parfaitement visible du point où les
batteries prussiennes étaient disposées, c'est-à-
dire à une distance qui n'excédait pas neuf
cents mètres. Il ne peut rester, par conséquent,
aucun doute sur les intentions de l'ennemi:
quelque abominables qu'elles soient, elles ne se
discutent pas.

V

LA RETRAITE

A mesure que la journée s'avance, le bombardement devient furieux. Dans l'espace de
cinq heures, deux mille obus au moins sont
lancés sur la ville. C'est un tonnerre effroyable,
assourdissant. Il est vrai que toute cette fonte
ne fait guère de mal qu'aux cheminées et aux

toitures. Un ouvrier tanneur, seul, a été frappé mortellement dans sa maison située derrière l'hospice. Mais plusieurs de ces projectiles sont incendiaires. Percés de trois trous en triangle, ils jettent un feu très-vif qui se communique promptement à tout ce qu'il touche. J'en ai vu tomber un, vers six heures, dans le clocher de la Madeleine, qu'il a éclairé quelques minutes de fauves reflets. Rue de Chartres, rue d'Orléans, rue d'Angoulême, des incendies s'allument ainsi, et malgré le dévouement des pompiers plusieurs maisons sont en partie consumées.

Cependant, gardes nationaux et francs-tireurs, sans s'émouvoir de cette pluie de fer et de feu, tiennent bon derrière les barricades. Malheureusement, la bravoure personnelle et l'admirable ténacité de cette poignée de combattants ne sauraient compenser leur infériorité numérique. Trois chiffres diront éloquemment ce qu'a été la résistance : douze cents hommes ont arrêté pendant neuf heures, aux portes d'une ville ouverte, huit mille Prussiens mieux armés et pourvus d'artillerie. C'est à n'y pas croire et c'est rigoureusement vrai.

A sept heures, les défenseurs de la barricade de la rue de Chartres apprennent que l'ennemi a tourné la barricade de la rue Galante et pénétré par cette issue dans la ville. Craignant de se voir cernés, ils se décident à battre en retraite. Quelques instants après, au roulement des tambours, les Prussiens escaladent l'obstacle en poussant des hurrahs frénétiques et se répandent dans les maisons voisines, pillant et brisant tout. Les autres défenses ne tardent pas à être également abandonnées. La tombée de la nuit d'ailleurs arrête quelque temps la lutte. Le commandant de Lipowski rallie trois cents hommes et gagne la route de Brou, que les Prussiens, plus timides ou moins exactement renseignés qu'on ne suppose, ont laissée libre. Tout n'est pas fini cependant, et la défense n'a pas dit son dernier mot. Les Prussiens débouchent à huit heures sur la place Royale et trouvent cette fois encore une énergique résistance. Sous les ordres du capitaine Ledeuil, les francs-tireurs restés dans la ville s'élancent inopinément de la rue d'Angoulême. La fusillade éclate au chant de la *Marseillaise* dont le sifflement des balles accompagne les mâles accents. Des monceaux de cadavres jonchent les trottoirs de la fontaine. Dix maisons sont en feu et les sinistres rougeurs de l'incendie éclairent seules le théâtre de la lutte. Un mouvement tournant des francs-tireurs par la rue d'Orléans jette le désordre dans les rangs de l'ennemi qui recule précipitamment et rentre dans la rue de Chartres. La Place est évacuée; mais la petite troupe, renonçant à prolonger une défense désormais sans espoir, opère définitivement sa retraite. Le combat est terminé. Il nous a coûté vingt-six morts et une quarantaine de blessés ; mais les pertes de l'ennemi sont énormes, et, si je m'en réfère à certaines évaluations, le nombre des hommes mis hors de combat ne s'élèverait pas à moins de deux mille. Les Prussiens du reste ne croient pas encore au succès qu'ils ont si chèrement acheté. Effrayés par l'obscurité des rues, redoutant quelque embûche, ils n'osent s'aventurer au-delà de la Place. Un silence de mort succède brusquement au pétillement de la fusillade, et au moment où neuf heures sonnent, comme un glas funèbre, à l'horloge de l'hospice, pas un murmure ne voile les tintements de la cloche.

VI

L'INCENDIE

Le dernier acte du drame s'accomplit alors. C'est une médiocre satisfaction pour l'ennemi d'avoir délogé les francs-tireurs dont les incursions nocturnes troublaient depuis un mois son sommeil : l'expédition a un tout autre but. Il faut tirer maintenant une éclatante vengeance de la ville qui, au lieu d'ouvrir humblement ses portes, a subi avec une héroïque obstination le choc d'ennemis dix fois supérieurs en nombre ; il faut frapper de terreur le pays entier, étouffer toute velléité de résistance, en faisant un exemple peut-être unique dans l'histoire de ce siècle. D'impitoyables résolutions ont arrêté la perte de Châteaudun, et c'est l'incendie qui la consommera. Une fois maître de la ville, la soldatesque envahit tout le quartier qui s'étend entre la station du chemin de fer et la place Royale. En un instant, les portes sont enfoncées à coups de hache, les fenêtres brisées, les habitants menacés, violentés, poussés à la pointe des baïonnettes, contraints à la fuite. Le feu est mis ensuite à toutes ces demeures dont plusieurs ne sont pas encore abandonnées. Les incendiaires vont méthodiquement de deux en deux maisons. A l'aide de torches, de bougies et de pétrole, ils embrasent les meubles, les rideaux, les matelas, sans se laisser toucher par les supplications des victimes. De la Place on les voit courir comme de noirs démons au milieu des flammes qu'ils attisent. Une partie de la population s'est échappée, et la route de Brou offre à cette heure le spectacle lamentable de fugitifs à peine vêtus, de femmes et d'enfants terrifiés dont les clartés de l'incendie guident la retraite. Mais bien des personnes n'ont pu ou n'ont osé fuir. D'autres ont cru, par leur présence, sauver leurs maisons du pillage ou de la destruction. Espoir déçu ! La férocité de l'ennemi dépasse toute prévision. Ni larmes ni prières ne sauraient arrêter cette effroyable exécution. Rue de Chartres, à l'auberge de la Rose, les Prussiens mettent le feu au lit d'un septuagénaire, qui, cloué par la paralysie, périt dans les flammes. A quelques pas de là, ils heurtent violemment la porte du capitaine retraité Michau, et, comme le vieillard se présente indigné sur le seuil, ils le tuent d'un coup de mousqueton. Le capitaine tombe dans les bras d'un parent qui le couche dans un fauteuil ; mais l'incendie ne tarde pas à dévorer la maison, et, le lendemain, il ne restait de la victime que des ossements calcinés qui ont été recueillis sous mes yeux. A l'hôtel du Grand-Monarque, les soldats buvaient et mangeaient depuis sept heures. A onze heures, sans écouter les instances désespérées du propriétaire qui avait dû se prêter patiemment à leurs exigences, ils mettent le feu à l'hôtel en enflammant les rideaux des chambres et de petits tas de linge disposés par eux sous les meubles. ⁵ Route de Vendôme, ils forcent un vieillard à leur présenter lui-même une bougie allumée, et, sous ses yeux, à ses côtés, embrasent les draps de son lit. Ils l'obligent, en outre, en le menaçant de leurs baïonnettes, à les conduire au magasin à fourrages militaires qu'ils incendient, puis, malgré ses soixante-dix ans, l'emmènent prisonnier.

Il y aurait cent épisodes de ce genre à rapporter. Je me borne à en citer quelques-uns, au
hasard, que j'ai recueillis de la bouche même
des témoins. J'ajoute que les soldats ont ainsi
mis successivement le feu à *cent quatre-vingt-
dix-sept* maisons. C'est du courage, et du plus
triste. Wallenstein, Trenck, Tilly, tous les lans-
quenets et les pandours de la vieille Allemagne
ont dû tressaillir de joie au fond de leurs tombes.
Dès onze heures, les rues de Chartres, de Bel-
Air, d'Orléans, du Sépulcre, d'autres adjacentes,
n'étaient plus qu'un immense foyer d'incendie
dont la réverbération éclairait dix lieues d'horizon. A cette heure, MM. Lumière et Humery
qui étaient restés tout le jour à l'Hôtel-de-Ville,
prennent le parti de se retirer. Ils se séparent
sur la Place alors déserte. Rue de Blois, une
sentinelle postée à l'angle de la rue Maury fait
feu sur le maire. Celui-ci presse le pas; mais sa
maison est envahie déjà, un soldat l'ajuste de la
fenêtre même de son salon, et un second coup
de feu l'oblige à fuir vers la Place, où il trouve
un asile. M. Humery n'est pas plus heureux. Au
moment où il rentre dans la rue du Lion-d'Or,
des Prussiens l'aperçoivent et se mettent à sa
poursuite. Il réussit à se glisser sans bruit dans
son domicile ; mais la lumière qui brille derrière
ses fenêtres, ne tarde pas à le trahir. Les Prussiens se ruent avec furie contre sa porte qui

cède sous leurs coups, mettent la maison au pillage et ne se retirent qu'après l'avoir incendiée sous les yeux, pour ainsi dire, du propriétaire qui, blotti dans l'encoignure d'un toit, ne perd pas un de leurs cris de rage.

A l'hospice, la nuit se passe dans de terribles anxiétés. Des femmes épouvantées, des gardes nationaux blessés, des francs-tireurs poursuivis ou attardés viennent chercher un refuge qui, malgré l'encombrement des salles, ne leur est jamais refusé. De la terrasse, le spectacle est d'une saisissante horreur. Toutes les maisons qui bordent la route de Vendôme, la gendarmerie, Mondoucet, la Guinguette, d'autres bâtiments isolés sont en feu. Des tourbillons d'une fumée rougeâtre s'élèvent, se développent et confondent leurs spirales avec une lenteur qui ajoute encore à la majesté de la scène. Pas un souffle, de ce côté, ne trouble le silence. La flamme s'agite seule à travers les noires silhouettes des pans de murs, et tout au plus l'oreille attentive perçoit-elle le crépitement lointain de quelque poutre qui roule dans la fournaise.

VII

EN PARLEMENTAIRE

A cinq heures du matin, plusieurs habitants

de la ville qui se trouvaient aussi à l'hospice, MM. Gorteau, juge, Sence, juge de paix, Anthoine, médecin, et Gougeon, conducteur des ponts-et-chaussées, prennent avec moi la résolution de faire une démarche près du commandant des forces prussiennes. Le désastre est affreux déjà, et peut-être, en obtenant l'autorisation de faire manœuvrer les pompes, serait-il possible d'arrêter les progrès du fléau.

Au point du jour, nous nous acheminons vers la Place en élevant un drapeau blanc. A l'angle de la rue Royale, le qui-vive brutal d'une sentinelle nous arrête. Nous déclinons notre qualité de parlementaires et nous passons sans difficulté. Je n'oublierai jamais l'impression de douleur, de honte, de colère que je ressentis en mettant le pied sur cette place couverte de soldats insolents et lugubrement éclairée par l'embrasement de tout un quartier. Un hussard et son cheval percés de balles gisaient encore près de la fontaine. On nous conduit à un poste établi déjà chez un coiffeur. Un officier écoute notre requête, nous donne une escorte de huit hommes, et nous invite à nous rendre à la station du chemin de fer où campe un général. Nous nous enfonçons dans la rue d'Orléans. Ce n'est plus qu'un brasier jusqu'à la rue du Sépulcre. Les toits s'effondrent, les solives flambent comme des cierges ou tombent avec fracas sur

les trottoirs qu'elles obstruent de débris incan-
descents, des langues de flamme s'élancent des
fenêtres et lèchent les volets qu'elles dévorent,
parfois des nuages de fumée, pailletés d'étincelles,
nous enveloppent et nous suffoquent. En chemin,
nous rencontrons des patrouilles qui traînent
avec elles quelques prisonniers. Les rares habitants qui cherchent à regagner leur logis sont
pris pour des francs-tireurs déguisés et arrêtés
sans examen. A la gare enfin, nous sommes
reçus par un officier supérieur que j'ai su depuis
être le général de brigade Kontsky. Il nous
accueille poliment, demande ce que sont deve-
nus les prisonniers d'Ablis, exprime quelque
regret du malheur qui frappe la ville, et le rejette
tout entier sur la présence des francs-tireurs.
Sans pouvoir nous faire exactement connaître
les intentions du commandant en chef, le général de Wittich, campé à deux kilomètres de
Châteaudun, il annonce des réquisitions de vivres
pour huit mille hommes, et nous accorde l'autorisation que notre démarche avait pour but de
solliciter. Nous nous rendons ensuite chez le
maire. Les rues sont encore fermées de barricades que nous escaladons, et pleines de soldats
en ligne. En arrivant chez M. Lumière, nous
trouvons son domicile envahi par une bande de
Prussiens qui depuis plusieurs heures le met-
taient au pillage. Ils paraissaient ignorer que

c'était la maison du maire, mais savaient, en revanche, que M. de Lipowski y avait logé et s'en vengeaient courageusement sur le mobilier.

VIII

LE PILLAGE

Déjà la ville, abandonnée par les neuf dixièmes de ses habitants, est livrée tout entière aux excès de l'ennemi. Rue Royale, au moment où je rentre chez moi, un groupe de soldats se rue contre le bureau de poste, fait sauter la devanture, force la caisse et disperse la correspondance. D'autres, armés de haches, fracassent les portes voisines ou s'introduisent par les volets éventrés. Chaque maison reçoit ainsi douze, quinze, vingt hommes qui s'y installent en maîtres et dont le premier soin est de se précipiter à la cave. Des officiers à cheval passent en quête de logements. Un régiment défile en même temps et se rend au château, qui a déjà reçu pareille visite en 1815. Plusieurs escadrons de cavalerie descendent enfin les rampes du Guichet. Il y a des hussards de la mort, insouciants et rieurs sous leur ferblanterie funèbre; il y a aussi des uhlans, et ce n'est pas sans un mélange de répulsion et de curiosité que je suis du regard ces audacieux coureurs dont le nom est venu tant de fois sur nos lèvres. Fantassins et cavaliers ont tous l'œil vif, la mine florissante, l'équipement confortable, et j'ai le regret de ne trouver nulle part les traces de ce dénûment dont certains journaux nous entretiennent sérieusement depuis deux mois.

A huit heures, un officier et quelques soldats entrent brusquement chez moi et me somment de leur remettre mes armes sous peine de mort. « *Caput!* » font-ils en me couchant en joue. Comme mon petit arsenal est assez bien caché pour défier toutes les recherches, la menace me fait sourire et je laisse ces hommes fureter à la cave où ils ne trouvent guère que de nombreux tessons de bouteille semés à leur intention. Un quart d'heure après, quinze musiciens d'un régiment de Saxe-Cobourg-Gotha envahissent la maison. En un clin d'œil, mon salon, ma salle à manger, mon cabinet sont transformés en dortoirs et meublés d'instruments énormes dont les tubes, allongés ou ventrus, se recourbent, comme le dragon de Théramène, en replis tortueux. Cinq minutes ne se sont pas écoulées qu'un jeune blondin exécute déjà sur mon piano une valse de Strauss, tandis qu'un de ses camarades, imberbe et potelé comme un baby, l'accompagne assez correctement sur sa flûte. Deux autres pianos résonnent dans le voisinage. Le bruit des portes qu'on enfonce et des vitres qui volent en éclats, sert de basse à ce charivari navrant. Je n'insiste pas sur les ennuis et les humiliations d'une pareille occupation : ce sont des détails vulgaires, irritants, et dont le souvenir, si je ne réussis à l'effacer de ma mémoire, ne me causera jamais qu'une très-maussade impression. Je veux cependant rendre justice à qui de droit. Mes quinze Saxons étaient au fond d'assez bons diables. La plupart se sont hâtés de m'apprendre qu'ils étaient mariés, pères de famille, impatients d'une paix qui les ramenât dans leurs foyers, et je les ai vu caresser avec une réelle émotion de jeunes enfants dont l'âge réveillait chez eux quelque douce réminiscence. Je cesserais toutefois d'être impartial en exaltant outre mesure la probité de ces instrumentistes. Il m'est arrivé d'en trouver un plongé dans une muette contemplation devant une armoire entrebâillée et s'assurant de la finesse de mon linge qu'il palpait avec amour. J'en ai surpris un autre, au moment où, avec la dextérité d'un pick-pocket émérite, il faisait passer mes rasoirs dans sa poche. Plusieurs enfin ont eu, en partant, l'indiscrétion d'emporter mes couvertures. Mais ce sont là des misères qui ne méritent pas une mention, quand tant de pauvres gens ont vu leur mobilier s'anéantir dans les flammes ou s'engouffrer en partie dans les chariots allemands.

Tout est en effet à la discrétion de l'ennemi.

Chez les épiciers, les merciers, les marchands de comestibles, c'est un pillage qui échappe à toute description. Les Allemands plient sous le poids des caisses de liqueurs, des effets d'habillement, des quartiers de viande qu'ils emportent. Les magasins de lainages et de chaussures subissent également de rudes assauts. Il n'est pas jusqu'aux biscuits purgatifs des pharmaciens qui ne tentent l'imprudente gloutonnerie du soldat. Certaines maisons sont complètement dévalisées. A l'hôtel de la Place, trois mille bouteilles sont extraites de la cave et soigneusement emballées dans des fourgons. A l'hôtel du Bon-Laboureur, les Allemands trouvent deux voitures laissées par les cantinières du bataillon des francs-tireurs. Furieux et non contents d'avoir incendié une partie de l'hôtel, ils fouillent la cave, découvrent le linge qui avait été serré dans une cachette, le brûlent et cassent ensuite à coups de pistolet toutes les glaces et toutes les pendules. Ailleurs, le sol a été creusé et l'argent enfoui dans les jardins a été trouvé avec une habileté qui dénote le flair exercé des investigateurs. Mais ce qui excite surtout leur convoitise, c'est le linge de corps. Des indigents se sont vu voler jusqu'à leur dernière chemise. Partout aussi les rasoirs ont été pris et avec un si bel ensemble qu'on croirait volontiers à un mot d'ordre.

Les maisons occupées par des officiers ont
été, je dois le dire, mieux traitées. On a bien
remarqué, après leur départ, la disparition de
menus objets : des montres, des chaînes d'or,
des bijoux ne se sont pas retrouvés dans des
chambres où des colonels s'étaient installés;
mais je veux attribuer cette série d'escamotages
à la main subtile des brosseurs. Par exemple,
certains n'ont pas dissimulé la haine aveugle
qu'ils nous portent. Bien des mots féroces ont
été recueillis.

— « Amirable chose qu'une ville en flammes! »
disait un capitaine logé sur la Place, en aspirant
avec délices les chaudes effluves de l'incendie,
« il faut que ce soit le sort de la France entière,
que femmes, enfants, vieillards, tout y passe. »

Je cite textuellement. Plusieurs enfin, dans
un accès de franchise cynique, convenaient
qu'ils ne faisaient qu'exécuter des ordres précis, et qu'ils avaient pour mission de ruiner le
pays. Huns ou Vandales n'eussent pas tenu un
autre langage. Autres temps, mêmes mœurs.

IX

DEUX INCENDIAIRES DE QUALITÉ

A propos de Vandales, j'ouvre une parenthèse. Puisque je raconte les prouesses des soldats, il n'est que juste de consacrer quelques lignes aux deux illustres chefs qui ont commandé l'expédition et à qui en revient tout l'honneur. Le plus élevé dans la hiérarchie militaire, sinon le plus titré, est le commandant de la 22e division, le général de Wittich, dont le nom sonne pour la première fois à nos oreilles. J'hésite à le qualifier. Est-ce un reître échappé de la guerre de Trente-Ans? Est-ce un Écorcheur attardé en pleine civilisation? L'histoire choisira. L'autre est le prince Frédéric-Guillaume-Nicolas-ALBERT, neveu du roi, major général et commandant du 1er régiment de dragons de la garde prussienne, chef du régiment des dragons de Brandebourg no 2, premier commandant du 2e bataillon (Stettin) du 1er régiment de la landwehr de la garde, ainsi qu'à la la suite du régiment de dragons russes no 7 (Petite-Russie), chef du 14e régiment de hussards russes de Mittau, etc., etc. Celui-là a plus de notoriété. C'est, comme on sait, un incendiaire juré et patenté au service de la Prusse, opérant par privilége et avec approbation du roi. Il s'est même créé une spécialité en cette matière. A l'issue de la campagne, il fera autorité comme Végèce ou Jomini. Nul, en effet, ne manie plus galamment la torche; nul ne connaît mieux l'usage et les propriétés du pétrole. On a

vu l'Altesse Royale procéder, le 4 octobre, à
l'incendie de Trancrainville, assistant consciencieusement aux péripéties du drame et les savou-
rant en connaisseur. Plus récemment encore,
ses cavaliers brûlaient Varize et Civry avec des
raffinements de cruauté auxquels la postérité
refusera d'ajouter foi. Évidemment le prince est
jaloux de faire oublier dans la Beauce les exploits
des Chauffeurs. Affaire de tempérament peut-
être. Qui sait si le pétrole n'a pas son ivresse
comme le champagne ou le hatschisch? Qui sait
si le bruissement des flammes, si les pleurs des
victimes, les toits qui s'affaissent en lançant des
gerbes de feu, la fumée qui se déroule en volutes
et colore le paysage de ses teintes sanglantes,
n'exercent pas une irrésistible attraction sur ces
Teutons gonflés de haine? On n'est pas pour
rien petit-fils de Genséric et petit-neveu d'Attila.

Du reste, si des critiques malveillants s'a-
visent jamais de reprocher aux deux généraux
leur goût prononcé pour l'incendie, personne
ne contestera le rare courage dont ils ont fait
preuve en consommant leur œuvre de destruction. Qu'on ne s'y trompe pas! Je ne parle pas
de ce courage aveugle, irréfléchi qui entraîne
un général au fort de la mêlée et le pousse
intrépide et souriant, jusque sous la bouche
des canons. MM. de Wittich et Albert ont
affronté tout autre chose qu'une grêle de pro-

jectiles. Ils ont bravé avec un sublime dédain les lois élémentaires de l'humanité, l'opinion de leurs contemporains et les futurs arrêts de l'histoire. Sans souci de la haine qui stigmatisera leur souvenir, ils ont fait subir à une population inoffensive la responsabilité d'une défense dont la patriotique audace eût désarmé de plus généreux adversaires. Ils se sont rués héroïquement contre de paisibles commerçants que les torches allemandes ont fait passer en quelques heures de la prospérité à la ruine, plusieurs même à l'indigence. Ils se sont complus à frapper dans leurs modestes fortunes de petits propriétaires heureux naguère d'avoir pignon sur rue et confiants jusqu'alors dans le placement de leur épargne. Ils ont écrasé sans peur comme sans remords toute une légion d'artisans, de journaliers, de cultivateurs, d'humbles industriels que la perte de leurs instruments ou de leurs ateliers condamne aux horreurs d'un chômage illimité. Ils ont enfin chassé glorieusement de leur asile des femmes éperdues de terreur et brûlé des vieillards à qui leur âge n'avait pas permis la fuite. Certes, ce n'est pas là une tâche ordinaire, et encore une fois j'admire le courage des deux hommes qui l'ont accompli avec la froide impassibilité du bourreau, sans reculer un instant devant le mépris que cette lâche vengeance attachera,

comme une impérissable auréole, à leurs noms
exécrés.

X

DANS LA RUE

Cependant le pillage n'absorbe pas tous les
loisirs de l'ennemi. Les soldats arrêtent au
hasard et selon l'inspiration du moment les
habitants dont l'âge, la figure, les moustaches
ou les bottes éveillent chez eux quelques soupçons. Plusieurs gardes nationaux qui se rendent
à la mairie pour déposer leurs armes, conformément à un avis publié, sont appréhendés au
mépris de toute bonne foi. Des vieillards
subissent le même sort. On m'a cité un sexagé-
naire à demi paralysé qui a été capturé avec un
empressement comique en toute autre circonstance. Un médecin, venu le matin de Bonneval
dans le but de porter secours aux blessés, quels
qu'ils fussent, est également arrêté, malgré son
brassard et sans que la convention de Genève
puisse assurer le respect de sa neutralité.
Tous ces prisonniers sont entassés dans la
cour du Château, au Quartier, à la Gare, dans
une fosse boueuse, enfin, qui avoisine l'Abattoir. Des officiers les interrogent sommairement

et les retiennent ou les relâchent sans discernement. Dans l'après-midi, le général de Wittich, grand vieillard maigre et barbu, se présente en personne au Quartier :

— « Vous vous êtes bien défendus, » dit-il avec colère aux internés, « mais vous nous paierez cher les douze cents hommes que vous nous coûtez; nous vous forcerons à mettre le feu vous-mêmes à vos maisons. »

Cette dernière phrase mérite les honneurs de l'histoire.

On dit que le chiffre total des gardes nationaux, francs-tireurs et particuliers, restés ainsi entre les mains de l'ennemi, s'élève à une centaine. [6]

La circulation dans les rues offre de réels dangers. Rue de Blois, en plein midi, un nommé Dantan, forgeron, prend la fuite au qui-vive d'une sentinelle qu'il ne comprend pas, et reçoit un coup de fusil qui l'étend raide mort. Rue des Empereurs, un nommé Deslandes, ouvrier typographe, tombe victime d'un meurtre, accompli dans les mêmes circonstances. Un nommé Lépine est également couché en joue; mais une sœur de la Providence le couvre de son corps et réussit à détourner l'arme. Sur la place Royale, une détonation éclate tout à coup au milieu d'un groupe de soldats qui vident des bouteilles, et un homme, — un Prussien cette fois, — s'affaisse percé d'une balle. Grand émoi. On se rue vers une maison voisine d'où l'on s'imagine que le coup a été dirigé ; mais le fusil d'un soldat qui se trouvait dans le groupe, fume encore, et il demeure prouvé que le maladroit a laissé partir involontairement son arme.

L'ordre écrit que nous avons obtenu le matin du général Kontsky et qui permet la manœuvre des pompes, reste à peu près à l'état de lettre morte. Quelques hommes à peine peuvent être réunis, et encore leur uniforme leur attire-t-il des insultes ou des entraves qui suspendent leur travail. L'ennemi, du reste, continue froidement son implacable exécution. Tandis que le duc de Saxe-Meiningen, général d'infanterie, fait soigneusement éteindre un incendie qui menace le n° 46 de la rue d'Orléans où il s'est installé, les soldats mettent le feu dans plusieurs magasins du voisinage. Le prince Albert, déjà nommé, ordonne de brûler une maison sise au bas de la rue de Blois et où il s'est logé d'abord. Plus tard, il se fait apporter une torche de paille, et, avec la solennité qui caractérise la pose d'une première pierre, il va porter le feu lui-même à l'auberge des Trois-Pastoureaux. A quelques pas de là, par l'effet d'un caprice vraiment royal, il prescrit les mesures nécessaires pour éteindre l'incendie qui dévore les ateliers d'un tapissier.

A la suite de pourparlers qui ne présentent aucun intérêt particulier, les sept membres présents du Conseil municipal reçoivent à la mairie la visite d'un colonel de hussards qui s'intitule commandant de place. En dehors de quelques réquisitions en nature, le général de Wittich réclame, par ce grincheux intermédiaire, une contribution de guerre qu'il a fixée modestement au chiffre de deux cent mille francs à livrer avant six heures sous peine de « mesures violentes. » Amère dérision que d'imposer de pareille somme une ville qui est à demi-détruite et presque entièrement abandonnée! L'embarras serait grand si un conseiller municipal n'avait la disposition d'une cave qui renferme une trentaine de mille francs. Le bon vouloir de quelques habitants permet de trouver en outre vingt-deux mille francs. Les Prussiens acceptent, sans contestation sérieuse, ce chiffre total de cinquante-deux mille francs, et un à-compte de trente-deux mille francs leur est versé à la fin de la journée. Deux officiers de l'intendance passent en même temps la revue des caisses publiques, sous la conduite d'un conseiller municipal délégué à cet effet. Il est superflu d'ajouter que les comptables n'ont pas attendu cette visite pour faire le vide dans leurs coffres-forts. Les Prussiens trouvent seulement chez un percepteur quatre francs soixante-et-un centimes dont ils donnent gravement un reçu.

A trois heures, au moment même où la musique allemande allait se faire entendre comme un dernier outrage aux morts qui jonchaient encore les rues, une vive alerte se manifeste. Les soldats se jettent sur leurs armes, se réunissent précipitamment sur la Place, et un quart d'heure après quittent tous la ville. Je profite de leur absence momentanée pour parcourir les rues incendiées. Le feu est toujours d'une effrayante intensité. Déjà le quartier commerçant n'est plus qu'un monceau de cendres. Les édifices publics ont beaucoup souffert du bombardement. L'Hôtel-de-Ville, qui a été longtemps le point de mire des batteries prussiennes, est dévasté. Ses lignes semblent avoir perdu leur équilibre comme celles d'un vaisseau que la tempête a désemparé. Un éclat d'obus a arrêté l'horloge à quatre heures cinquante minutes. La toiture est effondrée, les murs troués, les cheminées, les moulures des lucarnes et un fragment de la corniche jetés par terre. La fontaine monumentale qui orne le centre de la Place n'a reçu que de légères égratignures. Comme la mairie, le beau clocher gothique de Saint-Valérien a servi de cible à l'artillerie ennemie et subi de graves dommages. A la Madeleine, les dégâts ne sont pas moins considérables : des fenêtres romanes sont muti-

lées, des vitraux emportés, la charpente percée
à jour. De la Gendarmerie, il ne reste plus que
quatre murs calcinés.

XI

LA NUIT

A six heures, tandis que nous dînions mélancoliquement d'une tasse de chocolat et d'un pot
de confitures, seules provisions que nous ayons
pu soustraire à la voracité de nos hôtes, le pavé
des rues désertes retentit sous le pas lourd et
cadencé des Prussiens. L'alerte n'a pas eu de
suite. Des mobiles, campés à Cloyes, se sont
avancés jusqu'à trois kilomètres de Châteaudun,
mais, à l'approche de l'ennemi, ont battu
promptement en retraite. Les troupes reviennent
donc au gîte et nous sommes condamnés à les
héberger encore. Les musiciens saxons qui
m'ont fait l'honneur de prendre leurs quartiers
chez moi, n'ont qu'un mot à la bouche en ren-
trant : « *Fleisch*, » et toujours « *Fleisch*. » A la
suite d'une perquisition infructueuse à la cave
et à peu près convaincus que je ne peux leur
offrir ce dont j'ai dû me passer moi-même, ils
expédient l'un d'eux à la recherche d'un rôti
quelconque. Le soldat ne tarde pas à revenir

chargé d'os énormes et de mou de veau faisandé.
On l'accueille triomphalement, et le cuisinier de
la bande se met à l'œuvre. Une demi-heure
après j'entends de ma chambre le cliquetis des
assiettes et les éclats d'une gaîté tapageuse à
laquelle vingt bouteilles d'eau-de-vie volées chez
les épiciers voisins ne paraissent pas étrangères.

La nuit se passe dans un calme sinistre. Une
fois que l'heure du sommeil est venue, aucun
bruit ne trouble plus le silence des rues. Le
spectacle n'en est pas moins terrifiant. L'incendie redouble de violence et roule à perte de
vue ses vagues de flamme. De ma fenêtre je vois
la fontaine de la Place se découper avec la
netteté d'une ombre chinoise sur le fond
embrasé de la rue d'Orléans. Un vent impétueux
chasse au loin les tourbillons de fumée. Heureusement il conserve la même direction qu'hier,
et empêche tout progrès du feu du côté de
la Place. Qu'il saute brusquement à l'est, et la
ville est vouée tout entière à une inévitable
destruction.

XII

LE LENDEMAIN

A quatre heures du matin, un mouvement
s'opère brusquement. Mes hommes se lèvent et

s'équipent en toute hâte. C'est le départ, sans ce luxe de tambours et de clairons qui est passé dans nos habitudes militaires. Bientôt les soldats casernés au château défilent sous mes yeux : la terre tremble sous leur marche pesante, et les lueurs de l'incendie font miroiter leurs armes dans l'obscurité de la rue. Une partie des troupes se masse sur la Place et prend la route de Chartres, tandis que l'autre gagne avec l'artillerie celle de Brou. A cinq heures, la ville est évacuée.

Le jour commence à peine. Toutes les maisons sont ouvertes et des bougies fichées dans des bouteilles éclairent les restes des orgies dégoûtantes auxquelles les soldats se sont livrés cette nuit. Les os rongés et les viandes crues étalées sur les parquets feraient croire à des repas de boule-dogues. Tout est saccagé, brisé, ignoblement sali dans les intérieurs. Les toilettes de femmes ont servi de couvertures et d'oreillers à ces pillards éhontés. Pas une serrure qui n'ait été crochetée, pas une armoire dont le contenu ne s'échappe en désordre des tiroirs à demi fracassés. Linge, vêtements, papiers d'affaires, correspondances privées, tout a été exploré, déplacé, foulé aux pieds ou enlevé. Des glaces ont été brisées à coups de crosse, des pendules émiettées à coups de marteau, des cadres écrasés sous les talons de bottes, des portraits de famille traînés dans la fange ou soustraits méchamment. Une odeur infecte s'élève des guenilles jetées négligemment sur les meubles et des restes d'aliments qui souillent les tables. C'est immonde, écœurant, et Dieu sait quelles épithètes voltigent sur mes lèvres à mesure que je visite ces appartements que vingt-quatre heures d'occupation ont réduits à l'état de bauges.

Personne encore sur la Place, que l'incendie éclaire de lueurs fugitives. Le sol est couvert de décombres, de fragments d'obus, de fusils brisés, de milliers de bouteilles vides ou cassées. Deux cercueils, accotés au trottoir de la fontaine, renferment les corps d'officiers que les Prussiens se réservent d'enlever plus tard. Détail curieux! l'élégant cheval du spahis qui suivait le commandant de Lipowski, est resté paisiblement attaché à la diligence d'Orléans et a été oublié au moment du départ, ainsi qu'un autre cheval retrouvé dans les plantations qui bordent la Madeleine. Cependant, quelques habitants se glissent furtivement dans les rues et viennent contempler d'un œil humide les ruines fumantes de leurs demeures. De pauvres vieilles femmes s'arrêtent avec une stupeur qui touche à l'hébêtement, devant des amas de pierres et de ferraille, tristes épaves qui représentent aujourd'hui leur logis et leur mobilier d'hier, tout leur avoir peut-être. Rue de Bel-Air, on découvre sous une barricade à demi renversée le cadavre horriblement mutilé d'un garde national. Une femme du voisinage, justement inquiète du sort de son mari, fait continuer les fouilles. Bientôt le corps de ce malheureux se détache d'une gangue de boue ensanglantée et apparaît au jour. Je me borne à indiquer cette scène déchirante à laquelle j'ai assisté. Rue de Chartres, le docteur Anthoine constate avec moi le décès du capitaine Michau : il ne reste de ce vieillard lâchement assassiné qu'une poignée d'ossements blanchis. Rue du Sépulcre, chez M. R... S..., nous trouvons pendu au plancher d'un petit bâtiment un journalier qui, dans la nuit du 18, fou de terreur, s'est réfugié dans la maison et s'est donné la mort.

Il est un détail enfin que je ne transcris qu'en frémissant. Des familles surprises par le bombardement se sont retirées dans des caves, et il est à craindre qu'un trop grand nombre de personnes n'aient trouvé sous ces voûtes une fin plus effroyable encore que celle qui les attendait dans la rue. Rue de Chartres, M. L..., ancien notaire, s'était ainsi caché avec sa fille, deux domestiques et plusieurs voisins. A minuit, les Prussiens se ruèrent dans les escaliers, pillèrent la maison et mirent le feu aux boiseries enduites de pétrole. Une heure après, tout était en flammes, les planchers s'effondraient, et la chute de débris embrasés répandait dans la cave une fumée suffocante. Au milieu d'épaisses ténèbres que perçait de temps en temps quelque rouge reflet, les victimes virent venir lentement la mort. Trois personnes seules purent s'échapper à travers le feu qu'elles avaient d'abord essayé de combattre en jetant des flots de vin : les autres ne tardèrent pas à subir les effets de l'asphyxie. Une femme de chambre, tirée vivante de cet enfer, a pu raconter seule ce qu'elle avait vu, et son récit dépasse en horreur les plus dramatiques conceptions. A demi étouffée déjà, elle reçut dans ses bras sa maîtresse expirante, et, quand après quelques heures d'évanouissement elle reprit connaissance, sa première sensation fut le froid de la mort : Mlle L..., déjà glacée, l'embrassait encore dans une suprême étreinte. A ses côtés, sous la faible lumière qui filtrait par le soupirail, la jeune fille distinguait vaguement des morts et des mourants dont les formes indécises s'allongeaient fantastiquement dans la pénombre. Qui connaît une fiction plus remplie d'épouvante?

Le château porte plus que tout autre édifice les traces de l'occupation. L'ambulance organisée par le duc de Luynes n'est plus qu'un cloaque infect. Des tronçons de viandes gâtées, des bouteilles, des lambeaux de vêtements, des chiffons crasseux, des chandelles écrasées jonchent la paille qui couvre les vieilles dalles. Ce spectacle soulève promptement le cœur; mais il faut l'avoir vu pour se faire une juste idée de la saleté prussienne qui défie toute comparaison.

L'hôtel de la sous-préfecture et le tribunal ont été assez maltraités par les projectiles. A la sous-préfecture, une demi-douzaine d'obus ont dévasté la salle à manger, fracassé les arbres du jardin, rasé les gazons et soulevé la terre comme si le soc d'une charrue y avait passé. Au tribunal, un mur a été troué et plusieurs salles criblées d'éclats. Toutes les portes ont été enfoncées, tous les tiroirs forcés, pas un papier d'ailleurs n'a été déplacé. Au greffe, les pièces à conviction ont été pillées. Les fusils de chasse confisqués sur les délinquants ont été naturellement jetés par les fenêtres et cassés. Les soldats ont emporté jusqu'à des bocaux de dragées de plâtre saisies chez des épiciers malhonnêtes.

A la fin du jour, j'assiste au cimetière à une scène lugubre. On a creusé une large fosse et l'on vient d'y ranger symétriquement les vingt-six cadavres de francs-tireurs et de gardes nationaux qui ont été retrouvés jusqu'à présent. Il y en a dix qui sont entièrement carbonisés et presque sans forme humaine. C'est à donner le cauchemar. D'autres ont conservé dans le repos de la tombe une attitude menaçante ou désespérée. J'en verrai toujours un qui, de son bras instinctivement levé et ankilosé par la mort, cherche à parer la balle qui l'a tué. Un peu plus loin, on enterre deux jeunes artilleurs prussiens dont les blondes figures, par un contraste singulier, semblent porter encore l'empreinte de quelque douce pensée.

La grande arche du chemin de fer qui s'ouvre derrière le cimetière, est en partie écroulée. Les Prussiens l'ont fait sauter dans la matinée du 19, après avoir forcé un homme d'équipe à creuser au milieu du tablier un petit trou qu'ils ont rempli de dynamite. Un entassement énorme de décombres obstrue, comme une barricade cyclopéenne, le chemin de la Croix-Rousseau, et quelques fragments de rails, suspendus dans le vide, s'allongent encore au-dessus du gouffre béant.

L'incendie n'est pas étouffé et bien des maisons continuent à brûler à petit feu. Cependant la soirée se passe tranquillement et je me flatte de pouvoir me livrer enfin aux douceurs d'un sommeil que personne n'a goûté depuis trois nuits à Châteaudun.

21 octobre.

Déception! Dès cinq heures du matin, les cris :

au feu! m'arrachent du lit. L'incendie reprend, en effet, sur quelques points. Mais chacun se met à la chaîne et de prompts secours concentrent le feu dans son foyer déjà trop vaste.

A dix heures, apparition de deux fantassins allemands. Le vide se fait autour d'eux. Les plus effrayés ne sont pourtant pas ceux qu'on pense. Ces soldats sont des traînards égarés, et l'un d'eux, brusquement interpellé, fond en larmes avec une ingénuité qui désarme l'exaspération populaire.

Visité le petit castel de Saint-Gilles qui a eu les honneurs d'un bombardement. Les chambres sont percées comme des cribles. Un éclat d'obus est même venu s'implanter assez proprement dans le dos d'un tome de Voltaire. Et comme toujours un élément comique se glisse dans le drame, une particule de fonte a blessé mortellement une souris apprivoisée et dévasté sa cage de verre. Quel trépas invraisemblable pour ce trotte-menu que les chats avaient épargné! Les dégâts n'ont pas empêché d'ailleurs plusieurs officiers prussiens de se loger dans la maison. Il va sans dire que toutes les armoires ont été soigneusement explorées et tous les tiroirs fracturés comme si une bande de forçats évadés s'était abattue sur la maison.

Monté à Nermont. Vingt-trois Prussiens y ont été tués et j'ai vu dans la cour leurs casques et leurs fusils à aiguille rangés symétriquement en cercle comme les trophées funèbres de quelque tribu indienne. Non loin de là, Mondoucet étale tristement ses décombres informes. Trois chevaux morts gisent dans les champs voisins, et d'industrieux gamins s'occupent déjà à collectionner les balles dont les sillons sont semés.

Beaucoup de paysans sont venus aujourd'hui contempler les suites du désastre qui a frappé la ville. C'est un spectacle qui émeut simplement leur curiosité. Le féroce égoïsme qui les caractérise ne se dément pas en cette circonstance, et partout on les retrouve, l'œil béat et les traits doucement épanouis comme au premier dimanche de la foire de juillet.

Les habitants commencent à revenir du Perche où la plupart se sont réfugiés. On se retrace sans un grand effort d'esprit les péripéties de leur retraite précipitée au milieu de la fusillade et des flammes qui s'élançaient de toutes parts. On se représente aisément les femmes tremblantes d'effroi, les enfants en pleurs, les familles se cherchant, s'appelant ou se perdant, chacun jetant un regard désespéré sur cet océan de feu où sa demeure, ses meubles affectionnés, sa fortune peut-être, s'engloutissaient à l'heure même. Et pourtant l'imagination serait dupe ici de ses propres conceptions. J'ai interrogé des fugitifs, et ce n'est pas ainsi que cela s'est passé.

On semblait presque indifférent, les yeux demeuraient secs et aucun gémissement ne soulevait les poitrines. La catastrophe était si soudaine, si tragique, tellement en dehors de ce que ces pacifiques habitants d'une petite ville avaient pu rêver dans leurs plus sinistres prévisions, que l'esprit se refusait à en saisir toute l'horreur. On se félicitait d'être sorti de la fournaise et l'on se résignait sans murmure à la ruine imminente, sinon déjà consommée. La grandeur même du désastre en atténuait la portée. Par cela même qu'il semblait sans bornes, on cessait de le percevoir distinctement. L'âme humaine est ainsi faite : ses fibres ne sauraient se tendre au-delà d'un certain effort. Tel qui eût pleuré trois jours la perte d'un écu, n'avait pas une larme pour sa maison qui s'écroulait dans les flammes. On était atterré au fond, mais impassible en la forme, et sans cette bruyante mise en scène dont un narrateur fantaisiste ne manquerait pas de colorer la réalité. Fuite, du reste, singulièrement pénible et fatigante. Nombre de femmes et d'enfants ont dû gagner à pied Nogent-le-Rotrou. A Brou, les francs-tireurs, pour mieux assurer leur retraite, avaient mis en réquisition toutes les voitures et privé ainsi de tout moyen de transport les familles que la terreur ou l'incendie chassait au loin. On en a vu faire descendre brutalement des gens installés dans des charrettes qu'ils s'étaient procurées à grand'peine.

22 octobre.

Les fouilles amènent d'horribles découvertes. Rue de Chartres, on retire sous mes yeux les cadavres affreusement gonflés, noircis, défigurés du carrossier S..., de sa femme et de ses deux filles, que l'incendie a surpris et emprisonnés dans leur cave. Rue d'Orléans, on exhume également les corps de deux vieillards, MM. S... et D..., qui ont éprouvé le même sort.

Partout où je passe, j'admire l'attitude des incendiés. Tous supportent leur infortune avec une résignation touchante et digne de toutes les sympathies. Point de cris, peu de larmes, aucune récrimination contre une opération militaire qui n'est cependant pas à l'abri de la critique. La population, calme et stoïque, ne discute pas le fait accompli. Elle est fière à bon droit de sa patriotique défense, et avec cette silencieuse énergie qui me paraît son trait dominant, elle se console déjà de sa ruine en songeant au grand exemple qu'elle vient de donner à la France, comme à l'héritage de gloire qu'elle va léguer à ses générations futures. Le désastre est cependant immense. Un relevé officiel accuse deux

6.

cent trente-cinq maisons détruites. Cent quatre-vingt-dix-sept ont été incendiées à la main, huit seulement par les obus et trente par communication. Le chiffre des pertes, réparti sur quatre cents personnes, ne saurait être exactement connu ; mais je ne crois pas être loin de compte en l'évaluant à cinq millions.

Une intéressante nouvelle nous arrive de Vendôme. La résistance de Châteaudun a produit en France un effet prodigieux. Le Gouvernement de la défense nationale a, par décret du 20 octobre, déclaré que la ville avait bien mérité de la patrie et lui a accordé une somme de cent mille francs pour faire face aux premiers besoins des incendiés. [7]

23 octobre.

Mes journées se passent à peu près dans la rue. Le spectacle est, en effet, palpitant. Dans quelques semaines, quand les murs chancelants auront été jetés bas, quand les rez-de-chaussée, presque enfouis sous les décombres, auront été soigneusement déblayés, la ville ne portera plus que l'empreinte vulgaire d'un incendie. Aujourd'hui, elle a une tout autre physionomie. Les ravages de la guerre s'y lisent en caractères saisissants. La rue Dunoise, vue de la rue d'Orléans, me paraît l'image la plus complète et la plus colorée de cette désolation que nul photographe ne songe malheureusement à retracer. L'incendie n'a pas épargné, pour ainsi dire, une maison. Ce ne sont de toutes parts que pignons ébréchés, toitures crevées par les obus, façades sillonnées de fissures, piles découpées en obélisques, murailles où les conduits serpentants des cheminées disparues dessinent leurs traces fuligineuses. Les papiers éraillés des tentures flottent encore par lambeaux au vent qui les emporte. Une glace suspendue à quinze pieds en l'air réfléchit l'effondrement poudreux des plâtras et des chevrons. Rien de noir, du reste, dans ces ruines d'un jour. Le feu, que l'eau n'a pas combattu, a nuancé le crépi de teintes opulentes. Certaines parois, blanches naguère, ont retenu et fixé, comme un reflet adouci de l'embrasement, des tons d'ambre et de rose qui feraient la joie d'un aquarelliste. Des fragments de corniches, des tonneaux, des voitures fracassées, des meubles de fer, tordus et rougis, des poutres carbonisées jonchent le sol. Les fils brisés du télégraphe s'accrochent confusément à ces mille obstacles. Au bout de la rue se dresse la sinistre façade de l'hôtel du Grand-Monarque qui ferme la perspective et arrête l'œil sur ses fenêtres disloquées où pendent encore d'informes fragments de persiennes.

On a retrouvé ce matin le corps d'un Prussien

qui avait été caché sous quelques centimètres de terre dans un jardin de la rue d'Orléans. Si les pertes de l'ennemi ont été, comme on le dit, considérables, il faut avouer qu'il les a parfaitement dissimulées. A peine quelques corps ont-ils été abandonnés aux alentours de la ville. On raconte que, durant l'action, morts et blessés étaient jetés pêle-mêle dans des voitures et immédiatement emmenés. Un ancien gendarme, — le même qui, par parenthèse, découvrit, le 6 novembre 1832, la duchesse de Berri dans la fameuse cheminée de la maison Duguigny, — m'a déclaré qu'à six heures du matin il avait vu charger des corps dans quatre-vingt-sept chariots arrêtés près de la route de Vendôme. Il est en tout cas probable que les champs environnants recèlent bon nombre de cadavres, et qu'au prochain tour de charrue les cultivateurs auront la surprise désagréable du laboureur de Virgile :

> Et gravibus rastris galeas pulsabit inanes,
> Grandiaque effossis mirabitur ossa sepulcris.

Rétablissement de la poste. Quelques nouvelles nous parviennent. En quittant Châteaudun, les Prussiens se sont dirigés vers Chartres où ils n'ont point trouvé de résistance. A la première menace, la ville, plus terrifiée que stimulée par l'exemple de Châteaudun, a invité sa garnison de mobiles à se replier en toute hâte et s'est rendue. On se demande ici ce que sont devenues les velléités belliqueuses du préfet républicain. N'avait-il pas accepté la préfecture d'Eure-et-Loir « parce que c'était un poste de combat? »

M. R... S... me raconte un curieux épisode qui démontre une fois de plus la criminelle folie d'une guerre où deux peuples liés par mille intérêts de voisinage, de commerce, de relations sociales, poursuivent leur mutuelle extermination. Le 18 octobre, sa maison a été occupée par une dizaine d'officiers prussiens. L'un d'eux, très-jeune encore et d'une parfaite convenance, lui manifeste sa surprise de l'entendre parler allemand, et lui demande s'il a voyagé ou résidé quelque temps de l'autre côté du Rhin.

— « Effectivement, » lui répond M. R... S..., « j'ai été plusieurs fois en Allemagne. J'ai conduit ma femme aux eaux d'Ems où je me suis trouvé en rapport avec diverses familles du pays. Je me rappelle surtout les excellentes relations que j'ai entretenues avec un médecin, M. Von Nybel. »

— « Mais, Monsieur, » s'écrie le jeune officier d'une voix émue, « c'était mon père. »

Tableau.

— « J'ai connu parfaitement aussi Madame votre mère, » ajoute M. R... S... « Elle avait alors vingt-six ans, et elle m'a laissé le souvenir d'une femme aussi gracieuse que bonne. »

— « Oh! Monsieur, vous avez connu ma digne mère! »

— « Oui, et je me rappelle aussi ses quatre jeunes enfants, le dernier surtout que je faisais sauter sur mes genoux et à qui j'apportais des bonbons à chaque visite. »

— « Ce dernier enfant, Monsieur, c'était moi. »

— « Ingrat! » réplique *in petto* M. R... S..., « et vous en retour vous m'apportez des bombes! »

N'est-ce pas très-dramatique, cette reconnaissance que le hasard amène au milieu des horreurs d'une prise d'assaut et à laquelle une maison battue par les flammes sert de cadre?

24 octobre.

Les quartiers épargnés de la ville reprennent peu à peu leur physionomie accoutumée. Les magasins entrebâillent timidement leurs devantures, et les incendiés trouvent un asile dans les maisons que le fléau a respectées. Chacun s'évertue en même temps à faire disparaître les traces nauséabondes de l'occupation prussienne.

Il s'est trouvé de bons citoyens qui ont mis les circonstances à profit et se sont approprié nombre d'objets déplacés par les soldats. Un arrêté a prescrit hier de déposer à la mairie tous les meubles ou effets de provenance étrangère. Dès aujourd'hui, quelques individus, sans prétention d'ailleurs au prix Monthyon, sont venus reconnaître avec la joie qu'on éprouve en revoyant de vieux amis, des couvertures et des matelas qui ne leur avaient jamais appartenu. Encore un pillage, et je connais des familles nécessiteuses qui se trouveront dans l'aisance.

L'ennemi, dans sa fureur aveugle, n'a même pas épargné les Fouleries, et la hideuse misère de ce quartier ne l'a pas désarmé. De chétives maisons, des clôtures de caves taillées dans le roc ont été incendiées. Les Prussiens y soupçonnaient des francs-tireurs et voulaient les y flamber. Je regrette surtout la destruction d'un petit taudis adossé à l'octroi et abrité par une belle grotte festonnée de lierre dont il était un des plus heureux détails. A quelques pas de là s'ouvre, au fond d'un jardin escarpé, une autre grotte dont l'aspect ravirait un peintre. Quand j'y suis entré, une tribu campée sous ses larges voûtes y faisait cuire un dîner impossible et s'agitait vaguement dans la fumée bleuâtre du foyer. C'était une scène curieuse de la vie de bohême. La lumière rasante qui pénétrait par l'ouverture surbaissée, effleurait pittoresquement le groupe, et le pinceau du Caravage ou la pointe de Callot n'eût pas été de trop pour rendre dignement avec les jeux du clair-obscur la tournure dépenaillée des hôtes qui animaient cet étonnant décor.

25 octobre.

Des journaux nous sont enfin parvenus, et nous y avons avidement cherché ce qui concernait Châteaudun. Rien encore que le rapport militaire de M. de Lipowski, ainsi conçu :

« Nogent-le-Rotrou, 19 octobre, 9 h. du soir.

« *Commandant francs-tireurs de Paris*
à guerre.

« Attaque de Châteaudun, hier 18, à midi, par 6,000 hommes d'infanterie, 1,500 de cavalerie, 2 batteries d'artillerie, venus par la route d'Orléans. Mon bataillon, secondé par la garde nationale et *quelques* francs-tireurs de Nantes et de Cannes, a soutenu l'attaque toute la journée. Vers sept heures et demie une barricade forcée. Combat de rues jusqu'à *onze heures et demie.* La ville bombardée est aujourd'hui *réduite en cendres.* La population, dont la conduite a été admirable de dévouement pendant le combat, se réfugie dans les communes environnantes. Mes hommes se sont battus comme des lions.

« 60,000 cartouches ont été brûlées. Nos pertes dépassent *200 hommes*. Celles des Prussiens sont tellement considérables qu'ils n'ont pas osé occuper la ville abandonnée et qu'ils ont couché au dehors, laissant de 1,800 à 2,000 hommes sur le carreau. Notre retraite, *couvrant le départ des habitants,* s'est effectuée en bon ordre la nuit par Courtalain et Brou.

« *Ce matin, ils ont bombardé le faubourg Saint-Jean et le village de Saint-Denis-les-Ponts qui n'étaient pas défendus.* »

Cette dépêche appelle quelques rectifications. Le combat n'a pas duré jusqu'à onze heures et demie. Un tiers au plus de la ville a été réduit en cendres. Jamais Saint-Jean ni Saint-Denis-les-Ponts n'ont été bombardés. Personne, enfin, n'a couvert le départ des habitants. Ceux-ci, tout au contraire, ont couvert de leur défroque beaucoup de francs-tireurs dont ils ont facilité la fuite. La somme des pertes n'est pas plus exacte : j'ai déjà dit qu'elles se chiffraient par vingt-six tués et une quarantaine de blessés. Il est à remarquer aussi que les *quelques* francs-tireurs de Nantes et de Cannes incidemment nommés, s'élevaient à cent soixante-cinq hommes, nombre égal au quart du bataillon des francs-tireurs de Paris. Ils se sont battus avec une rare intrépidité, ont été très-éprouvés, et méritaient mieux qu'une insignifiante mention.

26 octobre.

Ce matin, tandis que je sommeillais encore, deux gendarmes logés chez moi se précipitent éperdus dans ma chambre. « Les Prussiens sont là! » s'écrient-ils, et ils me conjurent de leur fournir au plus vite des vêtements qui leur permettent de fuir. Effectivement, trente cuirassiers passent quelques instants après sous mes fenêtres. Quoiqu'il ne me paraisse pas très-probable que l'expédition ait pour but d'enlever la maréchaussée, je déguise mes deux gendarmes, et ils s'échappent sans plus tarder.

Cent cavaliers bavarois sont alignés déjà sur la Place, tandis que de petits détachements sillonnent la ville en tous sens. La population suit d'un œil inquiet tous ces mouvements qu'elle ne s'explique pas encore. Un officier a demandé le maire, et la municipalité s'assemble. Renseignement pris, ce n'est qu'une reconnaissance et les pourparlers n'ont d'autre objet que des réquisitions en nature. Cent cinquante livres de pain, pareille quantité de viande, soixante-quinze litres de vin et quelques sacs d'avoine, tel est le menu imposé à la ville. En quittant la mairie, l'officier s'arrête sous le porche et se met à lire à demi-voix le décret motivé qui déclare que Châteaudun a bien mérité de la patrie. Il n'en perd pas une ligne et en s'éloignant :

— « Fameuses bêtises que chante là votre gouvernement! » conclut-il avec un sourire de dédain.

Le mot est grossier, sanglant comme un coup de fouet; mais, sous sa brutale insolence, il cache peut-être une pointe de vérité. Ce n'est pas, en effet, avec des phrases empruntées au vocabulaire de 1792, mais avec des hommes, des actes et des canons que nos gouvernants sauveront la France, s'il en est temps encore.

Les Bavarois avaient commandé leur dîner pour six heures, mais ils ne l'ont pas attendu. A deux heures, ils décampent subitement, et de la gare où ils s'étaient établis, on voit les derniers cavaliers se perdre à l'horizon. Une alerte a déterminé cette prompte retraite. Les éclaireurs se sont aperçus, sans doute, que des mobiles partis de Cloyes se dirigeaient sur Châteaudun, et les cuirassiers prévenus à temps n'ont pas jugé opportun de prolonger leur séjour.

A la fin de la journée, un bruit absurde jette la terreur dans la ville. On prétend que les Allemands doivent revenir demain en force et enlever tous les hommes valides pour les employer aux travaux de retranchements qu'ils exécutent devant Orléans. Sous l'influence de cette panique que rien ne justifie, les rues se dépeuplent rapidement et la ville se trouve bientôt déserte comme au lendemain de l'incendie.

29 octobre.

Nouvelle visite de l'ennemi. A neuf heures, cent vingt cuirassiers bavarois débouchent de la rue d'Orléans et viennent, comme le 26, se ranger sur la Place. C'est encore une reconnaissance toute pacifique. Les cavaliers ont bien le pistolet au poing en parcourant la ville; mais c'est pour se donner une contenance, et leur attitude menaçante jure un peu avec les longues pipes de porcelaine qu'ils fument le plus bourgeoisement du monde. Comme le 26 encore, le détachement s'invite sans façon à déjeuner. La ville lui envoie à la gare cent livres de pain, du sel et du vin. A trois heures, presque tous ces cavaliers avaient disparu.

31 octobre.

Je rêvais Prussiens, bombes et incendie, quand le galop de cavaliers m'arrache à ces visions brûlantes. C'est un détachement bavarois qui passe le pistolet levé. La Place est sillonnée de cuirassiers qui chevauchent en tous sens. Ils paraissent inquiets, effarés, et je m'explique leur agitation en apprenant que deux mille Français sont à Douy et des francs-tireurs dans les bois de la Varenne.

A dix heures, l'officier qui les commande fait afficher une dépêche écrasante : Metz a capitulé et cent soixante-treize mille hommes dont trois maréchaux et six mille officiers sont prisonniers de guerre. On placarde, en même temps, une proclamation du général von der Tann au peuple français. Ce document est trop mal écrit pour que je lui fasse l'honneur de le citer *in extenso*. M. von der Tann y traite notre langue avec une rigueur implacable. Chaque ligne est une insulte à la grammaire, et la lourde barbarie de l'expression n'a d'égale que l'impudence hypocrite de la pensée. « La France, » dit le Bavarois, « a déclaré la guerre à l'Allemagne sous un prétexte frivole. Aujourd'hui l'Allemagne est victorieuse, et comme elle ne veut que le bien du peuple français, elle lui offre la paix. Ses conditions sont bien modestes. Que demande-t-elle? Rien ou presque rien : l'Alsace et la Lorraine qui ont jadis fait partie de l'Allemagne. Comment le gouvernement français s'obstine-t-il à ne pas accepter ces conditions qui n'abaissent en rien la France? »

On s'attroupe autour de ce factum qui serait grossièrement bête, s'il n'était cruellement ironique. On commente ses termes, on y cherche quelque piége, on ne veut pas croire à la nouvelle, si positif qu'en soit l'énoncé.

Hélas! quelques heures après, une proclamation exaspérée des membres du gouvernement vient la confirmer. Elle accuse Bazaine d'une indigne trahison, elle lui reproche de s'être « fait l'agent de l'homme de Sedan, le complice de l'envahisseur, » et sa défection, ajoute-t-elle, « n'est que le sinistre épilogue du coup de main militaire du 2 décembre. »

La stupeur augmente. Mais, avec son entêtement accoutumé, le populaire refuse encore sa confiance à l'imprimé venu de Tours. On persiste à soupçonner une mystification prussienne. Plus de doute cependant. Une personne qui arrive de l'autre côté de la Loire certifie la réalité de la nouvelle et l'immense impression qu'elle a partout produite.

La nuit tombait avec le brouillard, quand le

spahis qui accompagnait le bataillon Lipowski,
se montre tout à coup avec deux lanciers dégin-
gandés. Une nuée de gamins lui fait cortége.
Cette apparition nous présage-t-elle un retour
des francs-tireurs?

1er novembre.

A midi, le pas de deux chevaux me fait
dresser la tête. La circulation est si nulle que
pareil bruit dénote infailliblement la présence
d'Allemands. Trente cuirassiers sont, en effet,
rangés sur la Place, tandis que de petits
détachements rôdent avec précaution dans les
rues.

Un peu après leur départ, quelques francs-
tireurs se glissent dans la ville. On dit qu'ils
viennent chercher le trésor du bataillon qui
renfermait une trentaine de mille francs et que
M. de Lipowski a oublié dans sa retraite. La
démarche est un peu tardive : il y a bel âge que
les Prussiens ont sauvé la caisse.

2 novembre.

Ce matin, un individu prétendait s'être sauvé
de Jallans, au moment où deux mille Prussiens

y entraient. Monté à la tour du château. Rien aux environs que les prés qui verdoient et les vaches qui pâturent. Le fuyard a bu ou rêvé.

Le *Moniteur* contient une nouvelle proclamation de Gambetta, adressée cette fois à l'armée. Des phrases! toujours des phrases! Puis vient une série de dépêches transmises au gouvernement par les préfets, les sous-préfets, les maires, les conseils municipaux, les comités de défense, etc. La levée en masse est la note dominante. On veut la guerre à outrance, on s'insurge contre toute velléité d'armistice, on qualifie par avance de haute trahison toute capitulation ultérieure. C'est un débordement de protestations irritées jusqu'à la rage ou enthousiastes jusqu'au lyrisme. Telle sous-préfecture de troisième classe s'élève à la hauteur de Saragosse ou de Missolonghi. Si chaque période portait comme un chassepot, que de Prussiens sur le carreau! Je remarque, par exemple, qu'une exaltation toute particulière se manifeste dans les départements où il y a gros à parier que la guerre n'étendra jamais ses ravages. Le préfet d'Angoulême parle sérieusement, par exemple, de s'ensevelir avec tous ses administrés sous les ruines fumantes de la ville plutôt que de capituler. C'est de l'héroïsme à trois cents kilomètres. A Confolens, le conseil municipal prend un arrêté déclarant « qu'il se met en permanence et que les couleurs nationales seront voilées d'un crêpe. » Je me figure d'ici l'effarement de la cour de Versailles, à la nouvelle de cette énergique mesure. A la Réole, la garde nationale et le comité républicain, « prêts à tous les sacrifices, s'empressent d'offrir au gouvernement... le témoignage de leur respect. » A Brioude, « à la lecture de la proclamation du gouvernement, il est sorti de toutes les poitrines un sourd mugissement de rage... Point d'armistice, » ajoute le comité de la défense nationale, organe de cette population mugissante, « point de paix ! mais guerre à outrance ! guerre à mort ! » La commission municipale de Perpignan (285 lieues de Paris) jette le même cri : « Nous réclamons contre l'ennemi une guerre à outrance. » Jusqu'aux Français de Californie qui font leur partie dans ce concert. « Pas d'armistice ! pas de paix ! » vocifèrent-ils à travers trois mille lieues de mer, « guerre à mort ! la République française ne peut périr. » Quand la paix aura ramené un peu de calme dans les esprits, il sera intéressant de rechercher ce qu'auront fait pour la défense du pays ces populations dévouées jusqu'à la mort. Il sera curieux surtout de compter les villes qui auront péri sans phrases plutôt que de se rendre. Nous verrons si l'exemple de Châteaudun aura été contagieux.

7.

3 novembre.

La confiance semble renaître, et, pour la première fois depuis le 18 octobre, les habitants
des campagnes sont venus en foule au marché.
A trois heures un rayon de soleil fait tout-à-
coup étinceler des casques au bout de la rue
d'Orléans. Ce sont encore des Bavarois, toujours des Bavarois. L'ennemi nous assassine
de reconnaissances. Celle-ci paraît, du reste,
fort anodine : seize cuirassiers seulement se
montrent sur la Place. La population les considère à distance, puis se rapproche peu à
peu, se rassure, se familiarise, et il se trouve
des gens qui finissent par rire et causer avec
les cavaliers. Je vois encore un de ces derniers
qui se détache du groupe et va acheter une
pomme à quelque marchande. Dix individus se
présentent pour tenir la bride de son cheval,
tandis qu'il fouille dans son escarcelle. Ce
manque absolu de dignité m'a fait monter le
rouge au visage.

Le commandant du détachement est un beau
jeune homme dont le profil a l'énergique pureté
d'un camée antique. Une vraie tête de héros
grec, un Aléxandre barbu. En termes fort cour-
tois, il demande M. L...

— « Je suis chargé, » lui dit-il, « par votre famille d'Orléans de m'informer s'il ne vous est rien arrivé le 18 octobre. »

— « Monsieur, » lui répond M. L... avec la douloureuse ironie du désespoir, « vous pourrez dire que vos pareils ont tué mon père, qu'ils ont tué ma sœur, qu'ils ont incendié leur maison et la mienne. Il ne m'est rien arrivé de plus. »

L'officier est resté penaud et a dû regretter la commission qu'il avait bénévolement acceptée.

La reconnaissance avait pour but de rechercher ce qu'était devenue celle du 31 octobre. Celle-ci n'avait pas reparu et pour cause : elle avait été surprise et capturée tout entière aux environs d'Ouzouer-le-Marché. Inutile d'ajouter que les Bavarois n'ont pas été informés de ce petit accident.

5 novembre.

On prétend que la reconnaissance d'avant-hier a été prise par les mobiles du Gard, au-delà de Villampuy. Demain, sans doute, nous en verrons venir une troisième qui s'informera du sort des précédentes et ne tardera pas à l'éprouver.

J'ai subi l'épidémie de l'exemple et me suis

décidé à encaver aujourd'hui la majeure partie
de mon mobilier, en prévision des prochains
mouvements de l'armée de la Loire. Ai-je assez
pesté contre le roi de Prusse et ses hordes de
pillards en mettant la main à cette ingrate
besogne! Que de temps sottement employé!
Que d'heures dépensées en pure perte! Mais
aussi quelle touchante simplicité dans les intérieurs, une fois l'opération faite! Un quaker se
pâmerait d'aise à la vue de mon salon dont les
glaces ne reflètent plus que trois bottes de
paille et quatre chaises dépareillées. Plus de
pendules qu'un coucou, plus d'argenterie que
six couverts de ruolz, plus de vin qu'un petit
fût de piquette. Tout est rentré sous terre
et d'ingénieuses cachettes défient désormais
le pillage ou l'incendie. Presque toutes les
maisons ont été le théâtre de pareilles dissimu-
lations. Les aubergistes ont décroché prudemment leurs enseignes. Adieu la Perdrix et la
Petite-Madeleine! Ces toiles précieuses ne char-
meront plus de longtemps nos regards; on les
a mises en sûreté, tout comme les chefs-
d'œuvre du Salon-Carré. Les boutiques seules
ont dû conserver quelques apparences, mais
combien trompeuses! Les vitrines des épiciers
ne recèlent plus que des allumettes chimiques
et force bouteilles effilées ou pansues, qui, en
dépit de leurs étiquettes alléchantes, ne con-

tiennent que de l'eau claire. L'étalage des char-
cutiers se réduit aux guirlandes de saucisses en
bois peint qui festonnent leurs devantures. Les
tailleurs et les merciers ont pris un parti plus
radical encore : ils ont évacué leurs magasins et
se sont repliés avec quelques marchandises
dans des pièces obscures où les initiés seuls
pénètrent à l'aide de je ne sais quels signes
francs-maçonniques. Chacun, en un mot, se fait
petit, s'étrique, se rétrécit, s'efface. Je ne crois
pas que les Prussiens s'y laissent prendre; mais
si par hasard ils comptaient dans leurs rangs
quelques ingénus, ceux-ci seraient émus jusqu'aux larmes en visitant ces logis peu meublés
où les traditions des premiers âges semblent
revivre dans leur austérité patriarcale.

6 novembre.

Une escarmouche s'est engagée ce matin à
nos portes. Deux mille francs-tireurs et mobiles
campaient à la gare où ils venaient d'arriver.
Tout-à-coup des cavaliers ennemis se montrent
sur la route d'Orléans, en quête, sans doute,
des précédents détachements qu'ils n'ont pas
revus. Les nôtres font feu précipitamment et
tuent trois ou quatre Bavarois. Cinq ou six
autres tombent grièvement blessés. Le reste

n'attend pas une seconde décharge et tourne bride. [6]

Les journaux contiennent le récit palpitant de l'attentat dirigé le 31 octobre par Flourens *e tutti quanti* contre le gouvernement de Paris. C'est profondément triste. A quel degré d'abaissement moral une fraction de notre pays n'est-elle pas descendue pour émettre seulement la pensée de constituer un gouvernement avec Blanqui, Delescluze, Tibaldi, Félix Pyat et autres sacripants *ejusdem farinœ?* On a même prononcé le nom carnavalesque de Gambon. — « Mais il garde sa vache, » a objecté un loustic. —« Eh bien! nommons-les tous deux, a répliqué un autre loustic, et le major Flourens a inscrit gravement le nom de Gambon sur la liste des hommes auxquels il était urgent de remettre les destinées du pays. Dans une réunion publique, un orateur a très-heureusement qualifié ce gouvernement mort-né de gouvernement de la *démence* nationale. Le plébiscite du 3 novembre a fait promptement justice de ces tentatives où le grotesque le dispute à l'odieux; mais il n'en reste pas moins acquis par son résultat que Paris compte cinquante-trois mille individus dont l'idéal politique est une commune révolutionnaire gouvernée par des fous et des repris de justice. C'est une minorité qui fait réfléchir.

7 novembre.

L'habitude du Prussien donne à l'ouïe une singulière finesse de perception. Vers trois heures, du coin de mon feu, je devine plutôt que je n'entends l'arrivée de cavaliers sur la Place. Il se trouve que ce sont des cuirassiers français. J'aurais parié tout aussi bien pour des cuirassiers prussiens. Châteaudun est tellement sur la limite des opérations militaires qu'amis et ennemis peuvent s'y succéder ou même s'y croiser à toute heure. Ces cuirassiers se disent suivis par une trentaine de mille hommes. Est-ce enfin l'armée de la Loire qui donne signe de vie?

8 novembre.

Mauvaises nouvelles. Les négociations entamées depuis quelques jours en vue d'un armistice sont complètement rompues. Plus d'autre perspective que la guerre à outrance, après avoir caressé l'espoir d'une paix prochaine et honorable. Cette nouvelle et la marche en avant de l'armée de la Loire jettent une véritable consternation dans la ville. On ne voit passer tout le jour que des voitures chargées de linge, de meubles et de matelas. Tout cela va s'engouffrer dans des caves ou prend la route du Perche où l'on espère que l'ennemi n'osera se risquer. La sécurité relative dont on avait joui depuis une semaine, fait place à de nouvelles inquiétudes, et chacun pressent que Châteaudun aura son rôle à jouer dans les événements qui se préparent.

9 novembre.

Un de ces hallucinés qui prennent des moulins pour des escadrons, avait signalé ce matin la présence de troupes nombreuses autour de Châteaudun. Exploré la plaine du haut du château. Elle est muette et rien de suspect ne s'agite dans la brume qui noie ses lointaines perspectives.

Vers dix heures, le canon commence à gronder. C'est un feu roulant jusqu'à trois heures. Parfois la note grinçante des mitrailleuses se détache nettement sur la basse majestueuse et continue des autres pièces. L'action doit être engagée à quelques lieues en avant d'Orléans.

10 novembre.

Châteaudun prend tout-à-coup une physionomie très-militaire. Une dizaine de mille hommes faisant partie de l'armée de l'Ouest sont arrivés dans l'après-midi sous le commandement du général Fiéreck. A la chute du jour, je vois quelques bataillons gagner en longues colonnes les campements extérieurs. La pluie et la neige tombent à de courts intervalles. La Place piétinée en tous sens n'est qu'une mare de boue, les rues incendiées autant de fondrières. Hommes et chevaux, trempés, crottés, harassés, barbottent à qui mieux mieux dans une sinistre obscurité. Le tableau est navrant. C'est la guerre dans sa plus décourageante réalité, sans l'excitation du combat, sans l'ivresse de la poudre, avec le cortége rebutant des fièvres et des courbatures. Nombre de soldats, échappés de leurs compagnies, vont quêter de porte en porte un abri moins humide que le campement en plein air qui leur est destiné. Toutes les maisons s'ouvrent à leur appel et de grands feux s'allument pour sécher ces pauvres gens. Dans la soirée, j'héberge ainsi plusieurs mobiles exténués et ruisselants d'eau. Une heure après, ce sont deux officiers qui se présentent avec un billet de logement. Dix minutes de conversation me renseignent promptement sur ce que vaut cette armée improvisée. Point de confiance dans les chefs, point d'espoir dans l'issue de la lutte, chacun ne comptant plus que sur soi, le désordre et la confusion partout. Qu'espérer avec de tels éléments? A minuit, des soldats de la ligne sonnaient encore chez moi pour solliciter une botte de paille et un coin sous mon toit.

11. novembre.

Nous sommes inondés de troupes. Il en campe partout, à la gare, au château, sur les boulevards extérieurs, dans les squares, etc. Les tentes dressent leurs frêles pignons de toile sur le remblai du chemin de fer où les trains ne s'aventurent plus. Les églises elles-mêmes sont envahies; leurs dalles jonchées de paille résonnent sourdement sous les crosses des chassepots, et le pieux murmure des prêtres s'éteint dans le brouhaha profane des soldats. On se presse, on se pousse, on se heurte dans les rues naguère si désertes. Les uniformes s'y confondent dans une curieuse et amusante bigarrure. La capote bleue de l'infanterie, la blouse plus foncée des mobiles, la jaquette verte des francs-tireurs des Pyrénées, la vareuse des marins, la veste grise et le pantalon flottant des zouaves pontificaux, l'étincelante cuirasse et le casque chevelu des cavaliers semblent s'être donné rendez-vous pour le plaisir des yeux. Ce fourmillement serait fort pittoresque et prêterait merveilleusement à une énumération dans le genre homérique, s'il y avait moins de nuages au ciel et moins de boue à terre. Malheureusement le temps est d'une maussaderie désolante.

Cependant un rayon de soleil perce dans l'après-midi le ciel estompé jusqu'alors en grisaille. On affiche à ce moment la nouvelle d'une victoire. La bataille de Coulmiers, dont nous avons entendu le canon avant-hier, a obligé les Allemands à évacuer Orléans. L'événement peut influer gravement sur l'issue de la campagne, et chacun le commente en ouvrant son cœur aux plus flatteuses espérances.

Une promenade à travers les campements m'initie promptement aux détails peu compliqués de la cuisine militaire. Deux pierres et un morceau de bois transversal constituent l'âtre, les chenets et la crémaillère. Malgré l'humidité qui détrempe le sol, le feu brille et la marmite bout gaiement. Les soldats paraissent peu affectés du mauvais temps et supportent sans se plaindre les rigueurs de leur fangeuse installation. Quelques chefs de corps se montrent çà et là. Un des plus sympathiques est le commandant Charette dont les yeux bleus et la barbe d'un blond doré ne font que mieux ressortir l'énergique expression. Sur les boulevards, un amiral et plusieurs capitaines de vaisseau logent sous la tente avec leurs hommes dont ils n'ont pas voulu se séparer. Bel exemple à recommander aux états-majors trop soucieux du confort !

12 novembre.

Même affluence de troupes, même boue, même pluie glaciale. Une certaine animation se produit dans la soirée. Serait-ce le présage d'une retraite ?

13 novembre.

Nuit très-agitée. Vers onze heures, alors que le ciel déverse toutes ses cataractes, des ordres de départ arrivent inopinément. Mouvement général. On frappe, on carillonne à toutes les portes pour prévenir les officiers. Le bruit et le va-et-vient durent jusqu'au matin.

A huit heures, quelques soldats à peine errent dans nos rues où l'élément militaire débordait hier. La majeure partie des troupes s'est dirigée vers Bonneval où des Prussiens ont été signalés. Plus tard, on amène un prisonnier prussien. Il est terrifié : « Pas *caput?* Pas *caput?* » demande-t-il avec insistance.

Les ballons nous jettent quelques nouvelles de Paris. La grande ville a célébré notre défense. La rue du Cardinal-Fesch portera désormais le nom de rue de Châteaudun. Plusieurs théâtres se sont ouverts au bénéfice des victimes. Une matinée littéraire et dramatique a été donnée le 6 novembre à la Porte-Saint-Martin, et Marie Laurent a récité de sa voix tragique *Châteaudun*, poésie de M. Armand Dartois. Au Théâtre-Français, Coquelin a lu le même jour des strophes élégantes de M. Henri de Bornier.° L'Opéra lui-même a consacré une de ses recettes aux incendiés.

14 novembre.

Un officier de la garde nationale, le lieutenant Fracasse, a eu cet après-midi un succès imprévu. Depuis quelques jours, il défrayait les conversations. On se racontait que le 18 octobre, au premier coup de canon, il s'était jeté bravement sur la route de Brou et avait poussé une reconnaissance jusqu'à Nogent-le-Rotrou. Cette opération, conduite avec autant de promptitude que de décision, lui avait valu immédiatement un poste de confiance dans l'armée active. Cependant le brillant officier s'était dérobé jusqu'alors aux félicitations de ses concitoyens. Aujourd'hui seulement, il apparaît sur la Place, fier, pimpant, monté sur un assez beau cheval qu'il fait caracoler avec grâce, et, le sourire aux lèvres, il aborde familièrement M. G... en lui tendant la main. Le capitaine retire la sienne, se détourne, et, montrant le survenant à la foule, lui jette à la face quelques épithètes indignées. On s'empresse aussitôt, on se bouscule autour du groupe, on refoule le lieutenant jusque dans la cour de l'hôtel Répin. Quelques-uns même, sans savoir de quoi il s'agit, parlent déjà de le fusiller. Finalement on l'arrête au milieu des huées générales, on le conduit à la mairie d'abord, puis à la prison où il pourra mesurer à loisir la courte distance qui sépare le Capitole de la roche Tarpéienne. C'est une véritable exécution. Elle est dure, mais très-méritée, et la voix du peuple, cette fois par hasard, a sonné juste.

17 novembre.

On a travaillé ces jours-ci à rétablir provisoirement l'arche du chemin de fer que les Prussiens ont fait sauter le 19 octobre. Deux poutres gigantesques ont été jetées sur le gouffre béant, et des vagonets ont déversé dans ses profondeurs une quantité formidable de terre qui a fini par le combler entièrement. Les rails ont été aussitôt posés, et aujourd'hui même un train de ballast a pu passer avec une sage lenteur sur ce tablier improvisé.

Les prisonniers emmenés de Châteaudun ont enfin donné de leurs nouvelles. Leur voyage a été extrêmement pénible, et les coups de crosse leur ont été prodigués avec une libéralité qui fait le plus grand honneur à l'humanité prussienne. On a été, en revanche, plus parcimonieux dans la distribution des vivres. Nos pauvres concitoyens seraient morts littéralement de faim, si quelques personnes charitables ne s'étaient trouvées sur leur passage et ne leur avaient glissé furtivement un peu de nourriture, au risque de subir les brutalités de l'escorte. Un de ces malheureux, dont les émotions avaient troublé la tête, a été fusillé en route. La plupart sont actuellement à Colberg (Poméranie).

On entendait cet après-midi le canon dans la direction de Toury. Un escadron de cavalerie, mélange assez confus de dragons et de lanciers, est aussitôt parti.

18 novembre.

Les troupes qui restaient dans la ville, cavaliers et chasseurs à pied, l'ont évacuée ce matin et se sont dirigées vers Marchenoir. Que signifie ce mouvement en arrière? On se le demande avec une inquiétude que les bruits de la journée ne tardent pas à accroître. A deux heures, en effet, un incendie se manifeste dans le voisinage immédiat de Bonneval. La fumée s'élève lentement et se confond avec de longues traînées de nuages fauves qui strient le ciel. On dit que c'est le hameau du Perruchet qui est en feu. Hier déjà, au dire des gendarmes, les Prussiens avaient tenté de l'incendier.

Des femmes, échappées de Bonneval, prétendent que plusieurs colonnes ennemies menaçaient la ville quand elles l'ont quittée. Quelques-unes parlent même de coups de canon tirés sur la gare. Ces récits sont empreints d'une évidente exagération; mais notre situation n'en est pas moins incertaine et bien précaire. Que trouverons-nous demain à notre réveil? Dix mille Prussiens ou autant de Français? On peut parier dans les deux sens avec des chances à peu près égales.

19 novembre.

Ce sont des Français, décidément, qui nous arrivent. On parle d'un corps qui formerait l'aile gauche de l'armée de la Loire en concentration depuis un mois entre Blois et Vendôme.

Les cours martiales fonctionnent sans relâche et le public ajoute à quelques-unes de leurs décisions des commentaires où le respect de la chose jugée ne domine pas toujours. Un pauvre garçon d'une commune voisine a eu, le 13 de ce mois, l'idée malencontreuse, mais bien inoffensive, d'aller voir défiler des troupes. La démarche a paru suspecte, le curieux a été appréhendé, traduit devant la cour martiale sous inculpation d'espionnage, condamé à mort le 15 et fusillé le 16. Mention de l'exécution et de ses causes a été faite dans tous les journaux. Cette prompte expédition des affaires éveille, avec un frisson dont on ne peut se défendre, quelques doutes sur les garanties qu'elle offre aux justiciables. J'avoue très-franchement que, si je me savais prévenu d'intelligences criminelles avec Pitt et Cobourg ou de complicité dans la conspiration des quatre sergents de la Rochelle, je m'empresserais de mettre la frontière entre le capitaine rapporteur et moi. Par ce temps de cours martiales, de chassepots et de francs-tireurs, il convient d'avoir toujours présent à l'esprit le mot profond d'un magistrat : « On m'accuserait d'avoir volé les deux tours de Notre-Dame, que je commencerais par prendre la fuite. »

20 novembre.

La ville se remplit encore une fois de troupes. Une partie du 17e corps, commandé par le général de Sonis, arrive dans l'après-midi. Les régiments d'infanterie sont appuyés de plusieurs batteries d'artillerie, de chasseurs, de lanciers et de francs-tireurs franco-américains dont on remarque particulièrement le costume sombre, le feutre à plume noire et les carabines spencer. D'innombrables voitures de munitions ou d'approvisionnements viennent en même temps s'aligner sur la Place.

Cependant une certaine inquiétude règne dans l'état-major. Un jeune et aimable médecin dont le hasard des logements a fait mon hôte, m'apprend que les Prussiens, si l'on en croit certains renseignements, se massent dans le voisinage, et que les troupes, à peine campées, ont reçu l'ordre de se tenir prêtes à plier bagage au premier signal.

21 novembre.

Aucune alerte n'a troublé la nuit. Ce matin les rues regorgent de soldats qui fourbissent leurs armes en plein air ou font une toilette sommaire à l'orifice des fontaines. Trente pièces de canon sont rangées sur le Mail et sur la place Saint-André, deux souricières qu'on a transformées, je ne sais trop pourquoi, en parcs d'artillerie. La place Royale est plus que jamais encombrée de voitures et de fourgons dont les lignes pressées s'allongent comme autant d'infranchissables barricades.

Ce qui me rassure très-médiocrement sur les futurs succès de cette armée, c'est que les officiers ne connaissent point la topographie du département. Le croirait-on? Ils n'ont ni plans, ni cartes, et j'ai surpris parfois au vol des réflexions qui démontraient une ignorance absolue du pays. Je ne puis me soustraire à de fâcheuses comparaisons en songeant avec quelle sûreté de renseignements les Allemands battent les routes et s'engagent dans les chemins les plus perdus.

Je ne parle pas du désordre qui règne du haut en bas de la hiérarchie. Une circonstance fortuite a fait tomber sous mes yeux la dépêche d'un colonel qui avait perdu son régiment et qui demandait si par hasard on ne l'avait pas trouvé quelque part.

A quatre heures, l'ordre de départ pressenti dès hier est subitement donné. On dit qu'une colonne de Prussiens occupe Brou et qu'une autre se porte sur Bonneval. Les troupes se rassemblent en toute hâte à leurs campements respectifs et partent, les unes dans la direction de Bonneval, les autres dans celle de Varize. Le défilé s'effectue lentement, péniblement, à travers les rues obstruées de déblais et entre-coupées de flaques d'eau qui miroitent dans les premières ombres du crépuscule. L'artillerie et les voitures mettent une grande heure à évacuer la Place. C'est un remuement, une confusion, un fourmillement inextricable d'hommes et de chevaux qui crient, jurent, hennissent et se cabrent à qui mieux mieux. Châteaudun n'a pas vu pareil tohu-bohu depuis les guerres de l'Empire.

A six heures, il n'y a plus en ville que des mobiles et les francs-tireurs américains. La population, en proie à une certaine émotion, s'attend à voir l'ennemi demain. Les derniers meubles prennent le chemin de la cave et chacun se prépare aux éventualités d'une prochaine occupation.

22 novembre.

Point de nouvelles très-inquiétantes. On dit cependant que les Prussiens entrent à Nogent-le-Rotrou. En Beauce, les deux armées sont en présence. L'ennemi occupe Janville, Toury,

Pithiviers et Beaune-la-Rollande; nos troupes, Varize, Patay, Artenay, Chilleurs, la forêt d'Orléans, Bellegarde et Ladon. Une grande et décisive action semble imminente, et, selon toute apparence, nous en entendrons le bruit, si nous n'en voyons pas la fumée. [10]

Une locomotive, portant les agents du télégraphe, est allée jusqu'à trois kilomètres au-delà de Bonneval. Deux heures plus tôt, elle se fût jetée dans un train allemand qui passait au même endroit. La collision des deux machines ennemies et l'effarement de leurs conducteurs se ruant les uns sur les autres avec une force de cinquante chevaux, n'eussent pas manqué d'une certaine originalité tragique.

On parle ce soir de barricades qui s'élèvent à Saint-Jean. C'est pourtant vrai. Les franco-américains ont pris l'initiative de cette mesure, et déjà ils font de l'autorité en interdisant l'accès du faubourg ou en invitant les personnes domiciliées à vingt mètres de la barricade à faire un détour de deux lieues pour rentrer chez elles. En revenant, j'ai pénétré dans la cour du château. Un feu de bivouac illuminait les contreforts élégants et les belles fenêtres ogivales de la chapelle. Il faut entendre les doléances du concierge. Mobiles et francs-tireurs traitent le vieux manoir en pays conquis. Antiques boiseries, cadres sculptés, solives artistement travaillées,

8.

tout leur est bon pour alimenter le feu. Cinquante-deux portes y ont déjà passé. C'est un pillage en détail qui rappelle le sans-façon prussien.

La construction des barricades a jeté la terreur dans la ville. On trouve généralement que c'est assez d'avoir bien mérité de la patrie. Un décret comme celui du 20 octobre est un luxe ruineux, et Châteaudun n'est pas assez riche pour payer une seconde fois sa gloire.

23 novembre.

On n'a eu rien de plus pressé ce matin que de démolir les barricades élevées hier soir. Assurément je ne veux pas médire de la résistance à outrance. Il y a des cas où elle constitue un devoir sacré qui s'impose impérieusement au patriotisme ; mais il y a des cas aussi où elle est d'une flagrante absurdité, et c'est évidemment le nôtre à l'heure présente.

A trois heures, panique soudaine. Des éclaireurs signalent entre Brou et Logron la présence de dix mille Prussiens. Un bataillon de mobiles s'équipe en toute hâte et se dirige vers... Cloyes. Un peu plus tard, des renseignements émanés de la gendarmerie réduisent le nombre des Prussiens à cinq. Où est la vérité? Dans un juste milieu? mais il est assez difficile à prendre. On parle aussi d'une division française qui arriverait ce soir. Toujours la même incertitude!

Ce qui paraît malheureusement positif, c'est que le Perche est envahi. Les gens du pays le croyaient inaccessible; ils comptaient sur ses mouvements de terrain, sur ses bois épais, sur les haies élevées qui divisent les héritages et qui sont éminemment propices à une guerre de partisans. Vaines illusions! Les Prussiens y ont pénétré hardiment, et aujourd'hui même ils entraient, dit-on, à la Bazoche-Gouet où plusieurs Dunois avaient été chercher un asile.

24 novembre.

Huit ou dix mille hommes sont arrivés aujourd'hui. D'un autre côté, on apprend que l'ennemi a poussé ce matin une reconnaissance jusqu'à Courtalain. Nous voici au centre des opérations militaires. Gare les éclaboussures!

Deux mobilisés, attachés à une ambulance marseillaise, sont venus loger chez moi. On n'est pas plus hâbleur que ces méridionaux. — « Si la France est sauvée, — et elle le sera, — » me disait l'un d'eux, « elle le devra à la Ligue du Midi. Avant huit jours, nos départements auront envoyé un demi-million d'hommes sous les armes, et alors quel choc! Les Prussiens n'ont qu'à bien se tenir. » En d'autres circonstances, j'aurais ri de pareilles sottises; mais hélas! c'est justement cette grotesque présomption qui nous mène tout droit à l'abîme.

25 novembre.

Il s'opère toute la journée des mouvements de troupes à n'y rien comprendre. Beaucoup de mobiles fort sales partent par une rue et reviennent une demi-heure après par une autre. Quelques coups de canon tonnent au loin. Sur le Mail, deux batteries d'artillerie sont braquées dans la direction de la route de Brou. Tout cet appareil n'a pas empêché un détachement bavarois de s'avancer jusqu'aux Récollets. Par exemple, les habitants de Douy qui l'avaient vu passer se sont embusqués et l'ont fusillé au retour. Les cavaliers ont dû traverser le Loir et se sauver dans les bois où on les a pourchassés.

Même désarroi que ces jours passés. Des soldats, las de piétiner dans la boue épaisse que les pluies et les décombres ont accumulée, viennent aux portes quêter des logements. D'autres se plaignent de l'insuffisance des distributions et demandent du pain. J'en ai vu enfin mendier un sou dans la rue pour acheter du tabac. C'est pitoyable.

26 novembre.

Encore une panique ridicule. A onze heures, on annonce que quarante mille Prussiens — pas un de moins — sont à Saint-Denis-les-Ponts. Le chiffre seul me rassure immédiatement. J'ai déjà remarqué qu'en prenant le millième des troupes signalées, on se trouvait encore loin de compte. L'événement ne tarde pas à justifier ma règle de proportion. Les quarante mille Prussiens se réduisent, non pas à quarante, mais à sept qui se sont lestement éclipsés. Conformément, du reste, aux traditions de notre armée, personne ne s'occupe d'éclairer les environs, et une surprise ne m'étonnerait guère.

On entend, l'après-midi, le canon dans la direction de Brou. Une fumée noire s'élève aussi de ce côté, et des fuyards rapportent, en termes trop vagues d'ailleurs pour mériter créance, que la ville a été bombardée et incendiée.

A quatre heures, Châteaudun est encore une fois évacué par les troupes, qui « se replient » vers Beaugency. L'artillerie part aussi, mais après avoir fait à la municipalité des propositions de défense qui n'ont pas été acceptées. Le com-

mandant de place voulait braquer des pièces
sur le Mail, sur la terrasse du château, au-dessus
de la descente de la Levrette. Il aurait fait en
même temps créneler une maison contigue au
château et qui domine également le passage du
Loir. La municipalité lui a représenté qu'une
défense dans de pareilles conditions serait illu-
soire et exposerait la ville à de terribles représailles. — « Oh! pour ce qu'il en reste!... » a
répondu le commandant, sans insister d'ailleurs
très-sérieusement.

Quelques heures après, une dépêche fait connaître la situation dans sa fâcheuse réalité. Des
forces considérables marchent sur Châteaudun
par le Perche, et leur mouvement a pour but de
cerner complètement notre armée. L'ennemi
peut être ici demain matin. L'intendance et un
détachement qui était resté partent sans plus
tarder. Les troupes qui avaient établi ces jours
derniers leurs positions entre Marboué, Bonneval et Varize, traversent également la ville
jusqu'à une heure assez avancée de la soirée
et prennent en désordre la route de Beaugency.
Elles comptaient pourtant, dit-on, cinquante
mille hommes et cinquante pièces de canon.
Par quel nombre effrayant se chiffrent donc
les Allemands qui nous menacent et dont la
seule approche détermine cette retraite précipitée comme une déroute? "

27 novembre.

Journée pleine d'émotions. Dès hier soir la population a compris la portée de l'évacuation. C'est toute la nuit un sauve-qui-peut général. Parfois le bruit m'attire à la fenêtre et je vois défiler des bandes de fuyards chargés de linge et de matelas. Où vont tous ces gens? Ils ne le savent pas eux-mêmes. La plupart gagnent la route de Beaugency, et puis à la grâce de Dieu!

Trois heures. — De violentes détonations m'arrachent du lit. Est-ce le canon, une attaque nocturne ou le jeu de quelque mine? Déjà le bruit a rassemblé plusieurs personnes sur le Mail. On dit que le pont du chemin de fer à Péringondas vient de sauter.

Huit heures. — Les explosions de cette nuit ont redoublé la terreur. Ce matin, la ville est déserte. Presque tous les hommes ont fui. Comme au lendemain du 18 octobre, les boutiques se sont hermétiquement fermées. Chose curieuse! c'est la population des Fouleries qui se sauve avec le plus bel ensemble. Tous ces Troglodytes s'échappent, comme une nuée de corbeaux, des excavations qui leur tiennent lieu de logements, et assiégent la mairie dès l'aube pour solliciter des sauf-conduits. Plaisant effroi!

Leur répugnante misère ne les protège-t-elle pas mieux que plusieurs enceintes fortifiées contre l'invasion de l'ennemi.

Une heure. — J'ai été me promener jusqu'au pont de Péringondas. La mine a disloqué le tablier, et d'énormes fragments de fer, tordus et déchiquetés, jonchent le sol. Mais le dommage n'est pas assez complet pour être efficace. En deux heures, l'ennemi aura rétabli le pont s'il le juge à propos. C'est une destruction inutile et probablement irréfléchie. L'ingénieur, venu de Tours à cet effet, voulait, en outre, faire sauter le pont du Loir à Marboué. Heureusement les ténèbres l'ont effrayé et le projet n'a point reçu d'exécution. Près de la gare, deux lanciers français sont en reconnaissance. Il résulte de leurs renseignements que les Prussiens sont à cinq ou six kilomètres au plus. L'intensité du brouillard ne permet pas d'ailleurs d'interroger l'horizon du regard.

Trois heures. — Quelques soldats de la ligne, écloppés ou traînards, cheminent encore dans la rue d'Orléans. L'anxiété va croissant. Personne ne tient en place. On va, on vient sans motif et sans but. On se demande comment l'ennemi manifestera son approche. Lancera-t-il une volée d'obus, ou se bornera-t-il à envoyer les quatre uhlans d'usage ?

Cinq heures. — Plusieurs personnes courent

effarées. Des cavaliers bavarois viennent d'entrer dans la ville et suivent tranquillement le Val-Saint-Aignan. Pendant qu'un détachement va garder la route de Cloyes, une centaine de cuirassiers arrivent sur la Place et se rangent en silence devant l'hôtel-de-ville, où des officiers ont mandé le maire. C'est une entrée pacifique et dont le caractère rassure immédiatement les habitants, qui n'ont plus en perspective que les ennuis d'une occupation.

Six heures. — Des masses d'infanterie ne tardent pas à déboucher sur la Place. Des sentinelles se postent à tous les carrefours et s'adressent dans l'obscurité de rauques interpellations.

Sept heures. — Tandis que les soldats envahissent comme un flot les maisons voisines, un sous-officier se présente chez moi et demande un appartement pour trois officiers. Je l'introduis dans mon salon, veuf de son mobilier que j'ai récemment inhumé dans les profondeurs de ma cave. Colère de l'Allemand à la vue de cette vaste solitude, nue et froide comme une steppe russe. J'insinue timidement que je vis avec une simplicité toute primitive, et qu'un lit, deux chaises et une table m'avaient paru jusqu'alors constituer une somme très-suffisante de confort : — « Mensonge! » rugit le fourrier, « c'est partout la même chose, partout les mêmes cachotteries! Pas convenable, ce logement! Arrangez-le vite, et que dans une heure un dîner soit prêt pour trois officiers! » Je me permets une dernière observation fondée sur le nombre des lits, mais le sous-officier la trouve « impertinente » et se retire en claquant la porte avec fureur. Aimable homme !

Une heure après, survient un officier au lieu de trois dont j'étais menacé. Sa réserve dissipe peu à peu mes préventions.

— « Savez-vous, » me dit-il, « que nous venons d'exécuter une marche très-audacieuse à travers le Perche? Nous nous attendions fermement à une résistance qui ne s'est pas produite. Dans ce pays boisé, touffu, accidenté, nous nous imaginions que chaque arbre recèlerait un franc-tireur, que chaque haie nous saluerait d'une fusillade ; mais rien ! A peine quelques misérables paysans ont-ils tiré sur nous, et nous sommes-nous trouvés dans la regrettable nécessité de les passer par les armes..... »

28 novembre.

La nuit s'est passée dans un calme parfait, et c'est avec une réelle stupéfaction que j'ai constaté ce matin l'énorme quantité de troupes qui remplit la ville. Les indigènes sont perdus,

noyés sous cette marée montante. Il n'y a pas
moins d'une douzaine de mille hommes, c'est-à-
dire les trois quarts du 1er corps d'armée bavarois commandé par le général von der Tann ;
le reste couvre les routes ou campe dans les
villages voisins. Les rues regorgent de soldats
allemands. On n'aperçoit qu'eux aux fenêtres,
accoudés paresseusement sur les appuis, fourbissant leurs armes ou brossant avec acharnement leurs jaquettes bleu de ciel ; d'autres
fument sur le seuil des portes et quittent parfois
leurs grosses pipes pour se moucher entre le
pouce et l'index avec un geste dont je n'oublierai pas la suprême élégance. Certaines maisons sont occupées de la cave au grenier.
Nombre de personnes ont à héberger quarante
ou cinquante soldats. J'en connais qui en ont
reçu jusqu'à cent vingt. Il en est même entré
cent cinquante dans une maison voisine de la
mienne, et dont la modeste façade ne comporte
qu'un rez-de-chaussée. Tous ces hommes ont
d'ailleurs l'aspect piteux et sale. On s'amuserait
en d'autres temps de leurs casques à chenille et
de leurs capotes effiloquées. Quel contraste avec
les Prussiens, toujours soignés, brillants, pom-
ponnés ! Je m'explique à présent le dédain que
ceux-ci professent pour leurs chétifs alliés.

Toute la matinée les soldats s'occupent de
leur repas. On les voit se partager de larges

quartiers de viande et puiser avec des seaux dans des pièces de vin défoncées en pleine rue. La municipalité subit en même temps l'assaut des réquisitions en nature. On n'imagine pas avec quelle arrogance et quelle amère ironie les officiers formulent leurs réclamations. Certains d'entre eux donnent une heure pour qu'il leur soit livré des quantités fabuleuses de pain, de viande ou d'avoine, et menacent tout simplement, en cas de retard ou d'inexécution, de brûler la ville. Les plus modérés parlent d'aller faire des réquisitions chez les particuliers. On sait ce que cela veut dire.

A trois heures, une calèche dépose le général von der Tann à la sous-préfecture, où dès hier la « commandanture » a été installée. Une heure après, une partie du corps d'armée se réunit sur la Place et prend la route d'Orgères.

A sept heures, une grande flamme éclaire subitement le quartier de la Madeleine. C'est le baron von der Tann qui fait brûler, dans la cour de la sous-préfecture, une partie des archives, ainsi que les papiers assez insignifiants qui ont été trouvés dans le cabinet du sous-préfet. Le héros de Bazeilles procède ensuite à un plantureux dîner, en compagnie d'une vingtaine d'officiers, et, charmé du service, il offre généreusement au maître d'hôtel deux pendules empruntées aux salons. On ne saurait être plus magnifique, et à moins de frais. Toute cette horlogerie laisse néanmoins le donataire un peu froid. Comme le grain de mil de la fable, le plus petit écu ferait mieux son affaire.

29 novembre.

A quatre heures du matin, les clairons sonnent, vibrants et retentissants comme les trompettes du jugement dernier. Point d'autre bruit, du reste. Quand j'ouvre ma fenêtre à huit heures, il n'y a plus de Bavarois. Tout a disparu comme un mauvais rêve, et la ville a repris possession d'elle-même. Cependant, quelques soldats dépenaillés allongent encore leurs têtes ricanantes aux fenêtres de l'hôtel-de-ville ou s'occupent à charger dans des voitures les comestibles et les pièces de vin réquisitionnés. Un défilé formidable de troupes, d'artillerie, de bestiaux et de bagages s'effectue en même temps par le Val-Saint-Aignan, la rue de Bel-Air et la rue d'Orléans : commencé, dit-on, à trois heures du matin, il n'a pris fin qu'à midi.

Le canon gronde dans la direction de Varize. Quelques détails nous parviennent à la fin de la journée sur cet engagement. Quinze cents francs-tireurs, embusqués dans le parc de Varize, ont

battu en retraite à l'approche des Bavarois;
mais un corps de tirailleurs girondins a été
oublié, et ces braves, sans tenir compte de la
supériorité numérique de l'ennemi, l'ont résolu-
ment attaqué. Il va sans dire qu'ils ont été
écharpés.

Les récits de l'occupation commencent. Bien des
personnes ont été victimes de la rapacité des soldats. On me cite des maisons où, sous les yeux des
propriétaires, ils ont forcé les caves et en ont
pillé complètement le contenu. Ailleurs ils visi-
taient les armoires et faisaient main basse sur
le linge ou les vêtements à leur convenance.
— « C'est la guerre ! » répondaient-ils aux naïfs
qui, n'ayant pas étudié le droit des gens à
l'Université de Munich, hasardaient quelque
réclamation. Chez le conservateur des hypo-
thèques, ils ont posté à la porte de la cave un
chien de mine féroce et ont menacé leur hôte
de le lâcher sur lui, s'il essayait de s'opposer au
pillage. Ils ont ainsi soustrait non-seulement
tout le vin, mais encore des fourrures de prix
qui couvriront prochainement les épaules de
quelque Gretchen d'outre-Rhin. Je ne parle pas
de la brutalité avec laquelle plusieurs ont
expulsé de leurs chambres ceux qui les héber-
geaient et se sont vautrés dans leurs lits.
Comme au 18 octobre, les maisons abandonnées
ont été mises à sac. Tout y a été visité, fouillé,

sali, gâché à plaisir ; les jardins ont été sondés, les murs percés, les cachettes souvent trouvées, et le mobilier volé ou détérioré. Que dire aussi des traces ignominieuses que les soldats ont laissées partout? Dans une maison, par exemple, ils se sont fait une joie de·remplir de leurs ordures les caisses de linge et les armoires. Dans une autre, ils se sont accroupis en cercle au milieu du salon dont ils ont fait un cloaque. Au bureau de poste, tout le corps d'armée est venu apporter, au milieu des lettres éparpillées ou déchirées, les preuves très-claires de la dyssenterie qui règne dans ses rangs. Je me bouche le nez en transcrivant ces immondes détails, et cependant ne fournissent-ils pas un trait de plus à la peinture de la situation? Ne démontrent-ils pas mieux que la plus éloquente philippique, ce qu'une pareille occupation engendre de sourdes colères, d'humiliations sans nom, de ressentiments éternels, et quel caractère particulièrement odieux elle emprunte à la révoltante saleté de ceux qui l'exercent?

Les officiers se sont montrés trop souvent dignes des soldats qu'ils commandaient. On en a vu certainement que leur politesse et leur discrétion ne permettent pas d'englober dans ce jugement collectif ; mais ils constituaient autant d'exceptions et n'en confirmaient que mieux une règle dont trop d'habitants ont éprouvé la généralité pour qu'elle soit discutable. Chez les autres la civilisation paraît n'avoir effleuré que l'épiderme. Elle leur a laissé, avec l'impérieuse brutalité qui naît de l'habitude du commandement, les bas instincts de la soldatesque. Même rapacité, même gloutonnerie, même violence de langage. Chez des particuliers dont le logement et les allures indiquaient suffisamment la modeste existence, des capitaines réclamaient à chaque repas des vins fins, Bordeaux ou Champagne, et menaçaient de livrer la maison à cent soldats, si l'on ne trouvait pas quelque moyen de les satisfaire. Ailleurs, au mépris de toute pudeur, ils s'enivraient comme des laquais et souillaient de leurs déjections les matelas ou les parquets. On peut en citer aussi qui, à la table de leurs hôtes, *faisaient* l'argenterie sans scrupule et avec une habileté qui n'appartient généralement qu'aux héros de la police correctionnelle. Le docteur A... hébergeait un colonel et sept officiers. A la fin du repas, et avant que les convives eussent quitté la table, les domestiques, trop justement défiants, prenaient la précaution d'enlever les couverts. Cependant, une cuiller s'est égarée dans la poche d'un officier, et le maître du logis, en s'apercevant qu'elle manquait à l'appel, a préféré le silence à une réclamation qu'il était peut-être épineux de formuler.

Il y aurait enfin beaucoup à dire sur la façon dont l'état-major entend le savoir-vivre. Chez M. de M..., pour ne rapporter qu'un fait, un général, après avoir visité l'appartement, a choisi précisément pour sa chambre celle du maître de la maison. Celui-ci a déclaré qu'il ne la quitterait pas. Le général a persisté à s'y installer, et, le soir venu, s'est couché dans le lit, tandis que M. de M... qui avait tenu bon de son côté, passait la nuit sur une chaise. Il est intéressant d'ajouter que le Bavarois, chez qui la grossièreté n'excluait pas la prudence, a fait coucher un homme dans la chambre voisine et exigé que la porte demeurât ouverte.

Je glisse sur les menus détails. Je ne cite que pour mémoire l'aimable simplicité du prince Léopold-Maximilien-Joseph-Marie-Arnoulphe de Bavière, qui, à l'heure du départ, serrait la main à une cuisinière dont les sauces raffinées lui avaient été au cœur. Je note aussi d'un seul trait l'ignorance affectée du major général Schmitt demandant négligemment à son hôte si c'était un ouragan qui avait dévasté Châteaudun. On sait que c'est au nom de cet ingénu que l'histoire attachera, comme le boulet au pied du forçat, le souvenir de la destruction d'Ablis.

9.

A la sous-préfecture, le baron von der Tann s'est comporté comme un sauvage. Bazeilles l'a évidemment grisé. Non content de brûler les archives, le général a fait jeter ce matin dans le brasier le fauteuil de bureau du sous-préfet. Il voulait détruire également les matelas et le mobilier, sous prétexte que c'était la propriété de l'État. Toutefois le mouvement du départ l'a distrait de ces velléités incendiaires, et il n'y a pas donné suite. Il convient d'observer que son escorte n'a laissé ni une chemise, ni une paire de chaussures, ni un faux-col au sous-préfet.

Une justice à rendre aux officiers allemands, c'est que les repas auxquels ils font si largement honneur, n'absorbent pas tous leurs loisirs, et que dans les intervalles, d'ailleurs assez courts, ils s'occupent avec une remarquable activité. Munis de cartes excellentes, ils étudient soigneusement le théâtre de leurs opérations, et ils arrivent ainsi à une notion si exacte des localités qu'ils n'hésitent jamais sur la route à suivre. Ils se renseignent aussi sur l'esprit des populations. Un colonel, logé chez le procureur de la République, lui a tenu des propos qui révélaient une connaissance singulière, effrayante même, des hommes et des choses de ce pays. Il savait la dissolution de l'ancien conseil municipal, le désarmement momentané de la garde nationale, la constitution du nouveau conseil, l'esprit qui y avait présidé, et ce sujet lui inspirait des réflexions frappées au coin d'une étonnante sagacité. Et pourtant, dans ce torrent d'événements qui nous roule et nous emporte, quelle imperceptible goutte d'eau que l'élection du 2 octobre!

30 novembre.

Entre neuf et dix heures, violente canonnade dans la direction de Villamblain. A onze heures un détachement de cavalerie qui était resté au quartier prend la route d'Orléans. La ville se trouve ainsi définitivement évacuée. L'aspect en est bien morne encore, les rues bien désertes, et cependant on sent déjà que le pouls recommence à battre et que la population sort peu à peu de cette mort apparente à laquelle l'invasion l'a condamnée pendant quarante-huit heures.

L'ambulance irlandaise a recueilli plusieurs blessés du combat de Varize. Un témoin digne d'une confiance absolue me rapporte un épouvantable détail. Il a vu de ses propres yeux cinq ou six cadavres d'éclaireurs girondins que les Bavarois, par une dérision sacrilége, avaient en partie mis à nu. Il y en avait même deux à qui des soldats avaient brûlé les pieds. Je me demande ce que des Caraïbes imagineraient de plus atroce. Au premier engagement, sans doute, les Bavarois scalperont les nôtres. Et dire que nous avons été élevés dans une béate admiration des vertus patriarcales et du génie rêveur de l'Allemagne!

1er décembre.

Les Bavarois de von der Tann sont encore aux prises avec notre armée. De midi à cinq heures, le canon rugit sans relâche dans la direction de Bazoches-les-Hautes. Nous l'écoutons du chemin de fer avec une anxiété croissante, commentant ces formidables décharges, songeant aux victimes qu'elles fauchent, dévorant l'espace du regard comme si le rideau de plaines et de brouillards qui nous cache cette partie terrible, pouvait s'écarter un instant.

2 décembre.

La canonnade a recommencé dès sept heures du matin et n'a cessé qu'à la nuit. La direction est à peu près la même qu'hier. Bazoches-les-Hautes et Loigny sont évidemment le théâtre de la lutte qui paraît très-chaude, si l'on en

juge par le grondement ininterrompu de l'artillerie. Est-ce le sort de la France qui se joue
dans une action décisive?

A une heure, tandis que, l'oreille tendue,
nous recueillons avidement les échos de la
bataille, des troupes françaises se montrent
tout-à-coup sur la route de Vendôme. Ce sont
huit ou dix mille lignards et mobiles qui arrivent
de Fréteval. Le froid est très-vif et les pauvres
soldats grelottent sous leur costume insuffisant.
La plupart vont camper à la Gare, à l'Abattoir
et dans les hameaux voisins.

A la tombée de la nuit, alors que le canon ne
tonnait plus qu'à de longs intervalles, j'ai été
interroger la plaine du haut de la tour du château. Quelques fusées traçaient dans l'air des
paraboles lumineuses. Aux confins de l'horizon
brillait un feu qui devait éclairer le champ de
bataille et qui n'était probablement qu'un signal.

3 décembre.

On entend encore le canon dans le lointain,
et, à une moindre distance, une fusillade bien
nourrie qui doit s'échanger sur les bords de la
Conie, aux environs de Varize.

De nouvelles troupes arrivent de Courtalain.
Elles paraissent exténuées et souffrent cruelle-

ment du froid. Comme toujours, les soldats viennent aux portes, l'œil éteint, l'estomac creux, le visage bleui par la bise, demander du pain ou un logement. Il faut entendre avec quelle amertume ils se plaignent de l'intendance. Souvent ils n'ont pas tort. Un conseiller municipal, M. M..., passait aujourd'hui sur les boulevards extérieurs, au moment où des mobiles glacés, harassés, murmuraient hautement de n'avoir pas encore, à quatre heures du soir, touché leur ration de pain. — « Mais, » leur dit-il, « il doit y avoir quelque erreur, car le pain a été commandé et livré dès hier à la mairie. Dites-moi qui s'occupe de vos distributions. »

Les mobiles lui donnent le nom d'un officier quelconque.

M. M... se met en quête de cet officier et le trouve naturellement dans le premier café venu, absorbé par une partie de cartes, le cigare aux lèvres et une chope de bière à ses côtés.

— « Monsieur, » lui dit M. M..., « je n'ai pas à apprécier si les réclamations de vos hommes sont fondées; mais je dois vous prévenir qu'ils se plaignent vivement de n'avoir pas de pain. »

— « Tiens ! c'est vrai, » exclame l'officier, « je n'y avais pas songé et vous me le rappelez à propos. J'ai le bon dans ma poche. »

Pas de commentaire.

4 décembre.

Châteaudun est encore une fois évacué. Dès le matin, les troupes ont pris la route de Marchenoir. Que veut dire cette reculade, alors que le canon tonne à quelques lieues de nous? On la commente avec une certaine inquiétude. Quelques pessimistes annoncent que nous verrons l'ennemi demain.

On a entendu le canon toute la journée; mais le bruit semblait plus rapproché d'Orléans. Si ce n'est pas une illusion d'acoustique, c'est d'une fâcheuse signification.

5 décembre.

Je me suis réveillé avec un pressentiment de Prussiens qui ne m'a pas trompé. A neuf heures, en effet, je me trouvais sur la place Royale, quand deux cavaliers débouchent subitement de la rue d'Angoulême et arrivent au galop devant l'hôtel-de-ville. — « Monsieur le maire! » vocifère l'un d'eux en se dressant sur ses étriers. Et, comme le maire naturellement n'apparaît pas au balcon, il réitère son appel d'une voix à casser les vitres, puis réclame arrogamment un interprète. On va chercher M. Lumière et le directeur de l'ambulance irlandaise. Le cavalier demande quel jour les Bavarois ont quitté Châteaudun, et, en se retirant, tend la main, mais sans le moindre succès, à l'interprète, qui se détourne avec un dédain visible.

Les reconnaissances de l'ennemi reprennent librement leurs cours. A midi, vingt-et-un cavaliers défilent sur la Place et s'établissent à la gare. Deux heures après, il en arrive vingt-sept autres, qui paraissent médiocrement rassurés et vont explorer la route de Brou.

Les nouvelles de l'armée sont affligeantes. Nos troupes, victorieuses le 1er décembre à Villepion, battues le 2 à Loigny, menacées par des forces supérieures, ont, dit-on, évacué Orléans. C'en est fait de nos dernières espérances.

6 décembre.

Le temps est froid, mais le soleil brille gaiement et se réfléchit avec un éblouissant éclat sur le cours glacé du Loir. On parle vaguement de deux mille Prussiens qui seraient partis de Châtillon. A quatre heures, une voiture de poste allemande traverse au bout de la rue d'Orléans le passage à niveau du chemin de fer et gagne la route de Chartres. Il y a deux courriers dans le cabriolet et deux soldats juchés sur la caisse. Leur apparente sécurité m'effraie. Tout est donc fini pour nous du côté d'Orléans, si la poste ennemie se risque ainsi à travers vingt-cinq lieues de pays sans autre escorte que deux misérables fantassins.

Le *Moniteur* confirme la nouvelle de l'occupation d'Orléans par les Prussiens. Il contient aussi une note étrange et profondément insultante pour d'Aurelles de Paladine. Encore un général au pilori!

7 décembre.

Réveillé par un bruit d'hommes et de chevaux, j'ai cru d'abord aux Prussiens. C'est en ce sens que depuis six semaines on interprète le moindre mouvement qui se produit dans nos rues solitaires. Qu'une porte se ferme brusquement, qu'un cri soit proféré, qu'un cheval piaffe, une seule pensée vous vient à l'esprit, un seul mot à la bouche : les Prussiens! et neuf fois sur dix on ne se trompe pas. Le hasard veut que je me sois mépris. Hommes et chevaux sont destinés à conduire à Vendôme un convoi de soldats malades ou de traînards réfugiés à l'hospice.

A onze heures, nouveau piétinement de chevaux. Cette fois ce sont des cavaliers ennemis, trente cuirassiers mecklembourgeois qui demandent du pain, du vin et du lard. Sur l'observation que le lard n'est pas cuit, ils déclarent que cela importe peu et le mangent tout cru. Quels estomacs!

Une heure après, la route de Chartres se couvre d'hommes et de voitures. Le défilé s'avance rapidement vers la ville et atteint bientôt la rue de Bel-Air. C'est un corps de deux mille Mecklembourgeois qui avait été déjà signalé hier, et qui ne fait heureusement que traverser Châteaudun pour se rendre à la Ferté Villeneuil. Il y a d'abord quelques escadrons de cavalerie, puis douze cents hommes d'infanterie robustes, dispos, parfaitement équipés, puis des uhlans à figures patibulaires, enfin deux mitrailleuses et un interminable cortége de voitures de toute espèce, fourgons d'ambulances, charrettes requises et pleines d'écloppés, breaks garnis de viandes à demi dépecées qui ballottent à tous les cahots du chemin, paniers à salade menés par d'ignobles rustres, omnibus volés à quelque station de chemin de fer, et au milieu de ces véhicules dont l'assemblage discordant éveille tout un monde d'idées, deux paysans attachés avec des cordes, deux soldats français et une douzaine de bœufs. Toutes ces troupes gagnent immédiatement la route de

Beaugency, et, une heure après, de la tour du château, nous voyons la queue du convoi se perdre à l'horizon.

8 décembre.

Toute la journée, le canon s'est fait entendre dans la direction de Marchenoir. On prétend que l'armée entière est engagée.

Les journaux apportent quelques nouvelles. Le duc de Luynes, qui compte au nombre de ses propriétés le château de Châteaudun, a été tué devant Orléans, à la tête d'une compagnie de mobiles de la Sarthe. Déjà son jeune frère, M. de Chevreuse, avait été gravement blessé à Coulmiers. Je remarque, — et ce n'est pas la première fois, — que les plus héroïques volontaires appartiennent aux familles que leurs traditions rattachent au passé glorieux de la royauté. Combien d'entre eux se sont arrachés bravement aux douceurs du foyer, aux séductions d'une vie opulente, pour répondre à l'appel du pays en danger, quand tant de radicaux exaltés se réfugiaient dans des emplois qui les dérobaient à l'application des lois militaires ! Les futurs historiens auront beau jeu pour faire d'ingénieux parallèles. Il y aura quelque intérêt, par exemple, à comparer les services du colonel Charette, menant au feu son intrépide légion, avec ceux du pseudo-général Cluseret haranguant la canaille de la Croix-Rousse, ou le dévouement patriotique de M. de Luynes tombant sur le champ de bataille de Sougy, avec le zèle prudent de M. Lissagaray paradant à deux cents lieues de l'ennemi sous le titre fantaisiste de commissaire civil des armées. La conclusion à tirer de ces rapprochements saute aux yeux, et ce serait oiseux de l'exprimer.

10 décembre.

On a encore entendu le canon qui tonnait à Marchenoir. Point de journaux. Les trains ne sont pas venus à Vendôme. Serait-ce l'indice d'une fugue de la Délégation ?

11 décembre.

Un joli temps invitait aujourd'hui à la promenade. Le givre avait saupoudré tous les arbres et cristallisé le paysage, qui étincelait comme une féerie sous les pâles rayons du soleil. La rivière à demi glacée serpentait coquettement à travers ces floraisons de perles et de diamants. Le canon se taisait et nul Allemand ne détachait sa lourde silhouette sur les blanches perspectives de la vallée. Comme un site sourit à l'œil quand le fusil à aiguille et le casque à paratonnerre ne s'agitent pas dans ses lointains ! Le charme hélas ! ne devait se rompre que trop vite. A trois heures, une compagnie bavaroise débouche tout à coup de la route de Chartres. Six uhlans et cent vingt-cinq fantassins viennent se ranger sur la Place, et déjà l'on sait que c'est un corps d'occupation destiné à assurer jusqu'à la fin de la guerre les passages de troupes. Désastreuse nouvelle ! Ces cent vingt-cinq hommes nous effraient plus que les douze mille de von der Tann. Nous voici définitivement bloqués, envahis, privés de lettres et de journaux, séquestrés du monde entier. Le lien déjà si fragile qui nous rattachait au pays, se brise, et le bon plaisir d'un Allemand va devenir notre loi suprême.

Les bruits militaires ne sont pas de nature à dissiper cette fâcheuse impression. L'ennemi, dit-on, est à Blois, et le Gouvernement, plus ambulant que jamais, s'est retiré à Bordeaux.

12 décembre.

Ce matin, des sentinelles veillaient à tous les carrefours. Ces Bavarois ne sont pas féroces, mais ils ont si piètre mine que nous nous sentons profondément humiliés en songeant que ce sont là nos maîtres provisoires.

A deux heures, les soldats se réunissent devant la Mairie, touchent leurs rations et rentrent ensuite dans les maisons de la Place où ils ont élu provisoirement domicile, pour se livrer aux apprêts de leur pitance. Une heure après, un coup de théâtre change la face des choses. Un uhlan traverse la Place au galop et murmure quelques mots à l'oreille du commandant. En un clin d'œil, les soldats, oubliant leur dîner, s'assemblent en armes. Le commandant, dans son impatience, n'attend même pas un cabriolet qu'il a requis, et la petite troupe décampe au plus vite par la route de Bonneval, sous les yeux de la population qui suit avec un réel enchantement cette retraite dont elle soupçonne la cause. Quelques minutes après, deux traînards arrivent essoufflés et s'informent de la direction que leur compagnie a prise. On s'empresse de leur indiquer la route de Cloyes, et un monsieur s'offre aimablement à leur servir de guide. Quelle joie pour les nombreux spectateurs! et quels rires contenus à la vue de ces deux misérables fusiliers qui vont, avec une ingénuité touchante, se jeter dans la gueule du loup! Le dénouement de cette petite scène ne se fait pas attendre. Au milieu de la rue d'Angoulême, les Bavarois conçoivent quelques soupçons et inclinent brusquement à gauche. Mais une armée de francs-tireurs sort tout à coup des coulisses, et en un tour de main mes gaillards sont désarmés, ficelés et mis sous clef. Quatre cents hommes se dirigent en même temps vers la route de Bonneval : ce sont des francs-tireurs, des marins, des éclaireurs à cheval et des mobilisés de la Loire-Inférieure. Tous ces Bretons bretonnants sont parfaitement armés, deux petites pièces de canon les accompagnent, et le voisinage de l'ennemi les stimule singulièrement. Mais les Bavarois ont vingt minutes d'avance, et le brouillard qui tombe avec la nuit favorise leur fuite. On échange cependant quelques coups de fusil près du château de la Varenne. Point de résultat appréciable. La poursuite est impossible dans de pareilles conditions et les troupes reviennent à cinq heures s'aligner tranquillement sur cette place où les Bavarois s'alignaient non moins tranquillement deux heures auparavant. Je ne sais quelles seront les conséquences de cette surprise et si elle nous vaudra quelques représailles ; mais elle nous a vraiment divertis, et pour la première fois depuis de longues semaines tous les fronts se sont déridés.

13 décembre.

Midi sonnait, quand une agitation inaccoutumée m'attire dehors. Des gens se sauvent épouvantés, des francs-tireurs courent se poster à l'angle des rues Royale et du Guichet. En même temps, vingt détonations se font entendre sur la Place. Une fusillade éclate quelques secondes après rue Royale et rue de la Madeleine, puis tout rentre dans le calme.

C'est encore une de ces péripéties qui semblent créées pour nous. Quatorze uhlans venaient opérer une reconnaissance. Croyant fermement que la ville était toujours occupée par les Bavarois, ils étaient montés en toute sécurité par le faubourg Saint-Jean, la rue Saint-Lubin et la rue de la Madeleine. En arrivant sur la Place, ils aperçoivent tout à coup une sentinelle française. Le chef du détachement lui tire un coup de pistolet, mais le poste répond par une décharge générale qui d'ailleurs n'atteint personne. Les cavaliers s'enfuient par la rue de la Madeleine et au coin de la rue du Guichet sont salués d'une seconde décharge. Affolés de terreur, ils se réfugient dans le cloître Saint-Roch. La plupart sont pris dans cette impasse; mais deux d'entre eux se glissent par un étroit passage et réussissent, — détail incroyable, — à descendre avec leurs chevaux les deux cents marches de l'escalier assez abrupt qui longe le château. Ils sont, du reste, capturés près du pont. Le résultat de ce petit engagement se chiffre par trois tués, quatre blessés et six prisonniers. Un uhlan a dû s'échapper, si on les a bien comptés. Malheureusement deux petits garçons ont été victimes de la bagarre : l'un a été écrasé sous les pieds des chevaux et l'autre blessé à la main.

Les prisonniers, rassemblés dans la cour de la mairie, sont fort calmes, et leur chef a même sur les lèvres un sourire quelque peu sardonique et d'où je conclus qu'il s'attend à une prochaine libération. Effectivement de petits corps prussiens se montrent dans le voisinage. A la gare, il s'échange quelques coups de fusil et l'ennemi envoie même un obus. Dans la ville, les francs-tireurs prennent leurs positions et organisent une défense. Les uns s'établissent sur le côté ouest de la Place où la circulation est interdite, d'autres s'embusquent aux fenêtres d'une maison de la rue Royale, après avoir pris soin toutefois d'assurer leur retraite par des échelles disposées sur les derrières. La population est terrifiée de ces préparatifs qu'elle blâme hautement et dont elle sait par expérience que les francs-tireurs lui laisseront la responsabilité. Chacun s'enferme chez soi, les boutiques se barricadent et déjà l'on voit des fuyards s'esquiver avec leur bagage. L'opération conçue par les francs-tireurs est, du reste, sans intérêt sérieux : elle peut, par contre, exposer la ville aux plus terribles vengeances. Joli résultat que la prise d'une demi-douzaine de uhlans, si elle vaut à Châteaudun les honneurs périlleux d'un second bombardement!

Cependant aucune attaque ne se produit, et dans la soirée les francs-tireurs reprennent avec leurs prisonniers la route de Cloyes.

14 décembre.

Le canon retentit jusqu'à trois heures dans la direction de Marchenoir où notre armée, dit-on, combat depuis quelques jours avec des alternatives de succès et de revers.

On colporte des menaces que les uhlans pris hier ont proférées à la prison. Si leur général, ont-ils dit, apprend qu'ils ont été attaqués par des francs-tireurs au cœur de la ville, il viendra certainement bombarder et incendier Châteaudun. Il ne nous manquait plus que cette perspective.

Toute la journée se passe à attendre l'ennemi. On ne quitte pas le Mail, et d'un œil inquiet on interroge sans cesse les routes de Chartres et de Brou. A midi, quatre uhlans arrivent tout à coup sur la Place. Ils ne se doutent point de l'incident d'hier, demandent innocemment s'il y a des francs-tireurs, où sont passés les Bavarois, puis tournent bride. Vraiment Châteaudun ressemble à ces théâtres militaires où des troupes sortent par une coulisse tandis que l'ennemi entre par l'autre. Nous sommes les spectateurs un peu effarés de la pièce qui se joue dans nos rues. Pourvu que le dénouement ne soit pas encore une fois tragique!

A cinq heures, des bruits effrayants se répandent. Un habitant de Bonneval a surpris une conversation du général prussien, et cette heureuse indiscrétion lui a révélé qu'en représailles de la fusillade d'hier douze mille hommes doivent venir demain bombarder et peut-être brûler la ville. En même temps un vaste incendie illumine le ciel de sanglantes rougeurs dans la direction de la Ferté-Villeneuil. L'émotion est extrême et les scènes du 18 octobre revivent déjà dans toutes les imaginations.

A sept heures, changement à vue. La Place se couvre de mobiles, et l'on dit que ces huit cents hommes sont l'avant-garde de l'armée de l'Ouest. Quinze mille hommes, selon les uns, trente-cinq mille, selon d'autres, seront demain à Châteaudun. Malheureusement la population un instant rassurée a pris ses désirs pour une réalité. Les troupes qui campent sur la Place sont venues simplement en reconnaissance, et, après une distribution de vivres, se disposent à regagner Cloyes. Aucune armée ne les suit et nous allons être abandonnés sans défense aux caprices de l'ennemi. Dans la soirée, le conseil municipal décide que des parlementaires se rendront demain à Bonneval à l'effet de connaître les intentions du commandant prussien.

15 décembre.

Nuit tourmentée. On rêve au lendemain dont les perspectives ne sont pas roses. On tressaille à chaque bruit insolite. Le vent tourbillonne dans les cheminées et simule ironiquement de lointaines fusillades qui, toutes chimériques qu'elles sont, tiennent l'œil constamment en éveil.

Dès la pointe du jour tout le monde est sur pied, et l'on s'interroge avec anxiété. Beaucoup d'habitants, du reste, ont pris la fuite, et chez plusieurs la crainte a été plus forte que le sentiment du devoir. A huit heures, de rassurantes nouvelles parviennent à la municipalité. M. Picard, directeur de l'ambulance irlandaise, et la sœur de Chantal, de la congrégation des Dames-Noires, qui parlent allemand l'un et l'autre avec une remarquable facilité, se sont rendus ce matin à Bonneval et ont obtenu une audience du général de Bredow. Ils lui ont expliqué dans quelle situation s'était trouvée la ville et comment elle n'avait pris aucune part à l'attaque de francs-tireurs. Le général, après les avoir reçus avec une médiocre politesse, leur a déclaré qu'en vertu d'instructions émanées de Versailles il avait effectivement l'intention de lancer quelques obus sur la ville, mais que si la population n'avait point participé aux hostilités, il voulait bien renoncer à son projet. Les craintes conçues hier s'évanouissent donc, et nous ne sommes plus menacés que d'un passage de troupes.

A dix heures, quelques cavaliers sillonnent de l'autre côté du Loir la plaine de Châtenay. Un escadron de uhlans se montre bientôt sur la route de Chartres avec sa forêt de piques et de fanions funèbres. Il entre au galop dans la ville et se divise en petits détachements qui l'explorent en tous sens. Une heure après, deux régiments d'infanterie de landwehr, de l'artillerie et des fourgons se développent sur la Place. C'est une occupation non moins pacifique que celle du 27 novembre. Cependant l'état-major, avec sa prudence accoutumée, prend la précaution de s'assurer des otages. MM. Lumière, maire, Renou, adjoint, et Humery, conseiller municipal, sont retenus à l'Hôtel-de-Ville. Le receveur des postes est également interné au corps-de-garde, après avoir été contraint de livrer une partie de sa correspondance. Avis est enfin publié d'avoir à déposer à la Mairie toutes les armes « sous peine de mort. »

Les troupes défilent dans les rues et prennent possession des logements avec l'ordre qui caractérise habituellement cette opération. Dix miliciens, vigoureux et barbus, s'installent ainsi chez moi. Leur premier mot est naturellement : *Wein;* mais une fois qu'ils ont quelques bouteilles, de la paille, du bois à discrétion et un dîner en expectative, ils me laissent assez tranquille. Comme les heures, cependant, paraissent longues avec ces hôtes dont on soupçonne toujours les intentions! A quelle surveillance assidue, infatigable, n'est-on pas condamné! Quelle humiliation surtout de se sentir le très-humble serviteur de soudards qui ont peut-être balayé nos égoûts et dont aujourd'hui les brutales exigences n'admettent guère de réplique!

On réussit cependant à les apprivoiser sans trop de difficulté. Au fond, leur jargon franco-tudesque, leurs exclamations gutturales, leurs gestes désagréables, leurs perquisitions indiscrètes n'expriment guère autre chose qu'un désir immodéré de boire et de manger. Tout est là, et, avec un morceau de lard jeté à propos, on ferme le plus souvent la bouche à ces perpétuels affamés. Mes landwehr, par exemple, ont été très-charmés du dîner que je leur ai fait servir et qui, à l'instar des festins de Rabelais, empruntait une partie notable de ses éléments à la charcuterie. Il est certain d'ailleurs qu'une

soupe à la graisse de porc, un morceau de porc
flanqué de pommes de terre, une tranche de
fromage de porc et une aune de boudin constituent un menu essentiellement varié et tout à
fait de nature à satisfaire les appétits les plus
délicats. Une salade assaisonnée d'un vinaigre
à faire éclater des roches est venue rafraîchir à
propos le palais des convives. Plusieurs litres
de café et quelques bouteilles de vin de Châteaudun auquel un mélange secret d'eau claire
enlevait toute influence capiteuse, ont enfin
favorisé la déglutition. Mais c'est le boudin qui
a eu tout le succès : ce plat a excité une joie
qui touchait au délire. Le repas dévoré, un
soldat a tiré de sa poche des cartes avec lesquelles on aurait pu faire un second potage, et
la soirée s'est achevée dans les émotions du jeu.

16 décembre.

L'insomnie est la conséquence obligée d'une
pareille occupation. Les portes claquent inces-
samment, et il m'arrive, par intervalles, des
bouffées de voix rocailleuses que je ne saurais
mieux comparer qu'au broiement de cailloux
par un rouleau compresseur. A cinq heures,
grand bruit de vaisselle et de fourchettes. Ce
sont les soldats qui prennent le café, mangent

la soupe, et se lestent aussi consciencieusement l'estomac que s'ils n'avaient rien avalé depuis trois jours. A sept heures enfin, la maison se vide. Mes hôtes rejoignent leur compagnie qui s'assemble dans la rue encore obscure, et le départ général ne tarde pas à s'opérer.

On respire une heure. On ouvre portes et fenêtres pour chasser des logis cette odeur de suif rance et de cuir mouillé qui est le fumet caractéristique du Prussien. Mais le soulagement n'est pas long. A peine a-t-on fait disparaître les traces les plus visibles de ce séjour, que des sous-officiers viennent indiquer à la craie sur toutes les portes des logements pour d'autres soldats. Au lieu de dix *mann*, je ne suis condamné cette fois qu'à en héberger quatre, appartenant au 52e régiment de landwehr. Ceux-ci se présentent vers une heure. Deux sont écloppés; un troisième, orné d'un brassard, se qualifie de *doctor*, mais n'est qu'un vulgaire infirmier. Le quatrième, seul, tour à tour obséquieux et brutal, manifeste quelques exigences.

Le canon tonne toute la journée dans la direction de Fréteval. On dit que, cette nuit, une reconnaissance de douze uhlans a été enlevée et qu'ailleurs sept hommes ont été tués. Les Prussiens se tiennent sur leurs gardes et un long convoi, qui s'était mis en route, rebrousse prudemment chemin. D'un autre côté, un avis de la municipalité invite les habitants, en cas d'alarme, à ne point sortir de leurs maisons.

A trois heures un incident vient compliquer étrangement les embarras de la situation. Trois uhlans avaient visité l'église de la Madeleine. L'un d'eux, après en être sorti avec ses camarades, y était rentré seul, puis, au bout de quelques minutes, on l'avait vu reparaître, blessé au bras et criant qu'il avait reçu un coup de feu derrière l'autel. La première pensée des Prussiens a été de croire à un acte d'hostilité commis par quelque habitant embusqué à une fenêtre ou dans la tribune de l'orgue. Les soldats prennent aussitôt les armes et se ruent furieux dans l'église où ils tirent au hasard une soixantaine de coups de fusil. Les portes de la sacristie sont enfoncées, les armoires fracturées, les ornements sacerdotaux percés de baïonnettes, un lustre brisé dans la bagarre. L'orgue même subit l'assaut de ces forcenés qui crèvent le soufflet. La troupe se précipite ensuite comme un torrent dans les salles du tribunal contigues à l'église. Les pendules sont lardées de coups de sabre, les écritoires brisées avec une rage qui s'exhale en taches d'encre, le greffe fouillé comme si chaque carton recélait une compagnie de francs-tireurs. Puis c'est l'hospice qui reçoit pareille visite.

Heureusement le sang-froid manque aux investigateurs : s'ils avaient, en effet, minutieusement exploré les greniers, ils auraient trouvé une cinquantaine de fusils provenant de francs-tireurs ou de soldats malades, et Dieu sait quel incident nouveau cette découverte eût fait surgir dans un moment où l'exaspération était à son comble. Les soldats courent enfin au château, l'envahissent du haut en bas, et enfoncent les portes que le concierge, plus mort que vif, ne réussit pas à ouvrir assez vite au gré de leur impatience. Emportés, du reste, par leur instinct de pillards, ils profitent de l'occasion pour forcer quelques meubles et sonder de la pointe de leurs baïonnettes le terris des souterrains où leur sagacité habituelle leur fait soupçonner des cachettes. En même temps des officiers profèrent dans les rues des menaces d'incendie, parlent hautement de brûler tout le quartier de la Madeleine. Quelques-uns, pris de pitié, engagent leurs hôtes à fuir au plus vite. C'est un émoi général. L'Hôtel-de-Ville se remplit d'otages. M. de Bredow y fait mener sous bonne escorte plusieurs conseillers municipaux : déjà le maire et les adjoints s'y trouvent dans une position fort critique. On arrête même les deux curés, et, — détail qui serait plaisant dans toute autre circonstance, — quatre frères de la Doctrine chrétienne, dont l'un, cuisinier de l'òrdre, porte encore en arrivant à la mairie le tablier bleu, insigne de ses fonctions. Tout cela se fait, d'ailleurs, assez confusément. Le général ne maintient pas les arrestations, mais prévient les représentants de la ville qu'ils devront payer cinquante mille francs dans les deux heures, sous peine de pillage et d'incendie. C'est cher pour un uhlan, et jamais, sans doute, le blessé lui-même, quelque fat qu'on l'imagine, ne se serait supposé une telle valeur.

A cinq heures, la mairie fait tambouriner un avis prescrivant de rechercher le coupable. On le commente avec émotion; mais on s'accorde à attribuer l'événement soit à un pur accident, soit à je ne sais quelle ténébreuse combinaison dont le but serait d'extorquer une grosse somme à la ville. Personne ne croit à la réalité d'une attaque. Qui donc serait assez fou pour tenter, sous le régime de terreur qui nous étreint, un coup pareil? Et puis comment admettre qu'un individu ait pu s'introduire armé dans une église dont les Prussiens occupaient tous les abords? Comment supposer que le uhlan frappé à bout portant n'ait pas vu son agresseur? Comment expliquer enfin la disparition de ce dernier? La thèse de l'ennemi fourmille d'impossibilités. Bref, nous connaissions le vol à l'américaine, nous connaissons maintenant l'escroquerie à la prussienne.

A l'heure fixée par le général, la municipalité, qui avait heureusement des fonds à sa disposition, a versé les cinquante mille francs entre les mains du commandant de place, M. Michelet, dont les procédés ont été, en cette circonstance délicate, d'une convenance qui a été justement appréciée.

Une soirée tranquille suit cette journée pleine de périls et d'anxiétés. Chez un de mes voisins, un cuirassier blanc charme ses loisirs en exécutant sur le piano une série de valses qui bercent ma somnolence et me transportent dans un monde d'idées et de souvenirs bien différent de celui où nous vivons depuis quatre mois. De temps en temps aussi, le traînement d'un sabre ou les croassements de soldats attardés me rappellent à la triste et prosaïque réalité.

17 décembre.

A cinq heures, de violents coups de sonnette me tirent du lit. C'est un de mes landwehr qui m'appelle sans façon pour que je m'occupe de son café. On n'est pas plus discret. Je ramène l'homme à des idées moins saugrenues, et je me recouche avec l'espoir que ce déjeuner matinal présage un départ. Encore une déconvenue! Les heures s'écoulent et aucun mouvement ne s'opère. Le soldat est parti simplement en reconnaissance avec un petit détachement.

Le jour se lève brumeux et triste. Personne dans la rue, si ce n'est quelques Allemands. Les habitants n'osent circuler après les menaces qui ont été faites hier. On dépasse à peine le seuil de sa porte, on cause à voix basse, on craint presque de former un groupe. La douleur et l'humiliation sont peintes sur toutes les physionomies. Aux fenêtres s'allongent quelques têtes effarées. Nous nous sentons en puissance de Prussiens et à la merci des plus absurdes fantaisies.

L'ennemi, de son côté, ne paraît pas absolument rassuré. Des pioches sont requises partout et des soldats commencent aux portes de la ville quelques épaulements qui nous intriguent. A Saint-Aubin, ils incendient même une cassine qui peut gêner la défense, et abattent sans plus de cérémonie les murs d'enceinte.

Une enquête sur le coup de feu d'hier se poursuit aujourd'hui par les soins de MM. Renou, adjoint, Anthoine, médecin, et Picard, directeur-interprète de l'ambulance irlandaise. Les Prussiens informent également. Les résultats de cette enquête ne tardent pas à transpirer dans le public. Des circonstances bien significatives viennent confirmer toutes les suppositions qui tendaient à expliquer le fait par un accident. Le uhlan , — un des plus mauvais sujets de son escadron, — était ivre. Il a été blessé de bas en haut et à bout portant, puisque sa manche portait une trace de brûlure. Il se trouvait alors derrière l'autel, ainsi qu'en témoigne la traînée de sang qui tache le pavé. D'aucun point de l'église on ne pouvait le voir ni le viser. Enfin, — et ceci paraît concluant, — la balle qui lui a perforé le bras provenait d'un pistolet prussien. Il semble donc constant que le soldat a laissé partir son pistolet par mégarde et s'est blessé lui-même en voulant très-probablement forcer l'armoire pratiquée derrière l'autel. Un seul point demeure obscur : le pistolet du blessé a été retrouvé intact, et les médecins ne croient pas qu'il ait pu le recharger après la blessure. Mais y avait-il impossibilité absolue? Le uhlan n'a-t-il pas pu prendre en sortant le pistolet d'un de ses camarades? Quoique cette dernière circonstance n'ait pu être éclaircie, l'enquête démontre suffisamment dans son ensemble que la population est complètement étrangère à la blessure.

La soirée amène une conclusion fort imprévue. Le général de Bredow avait déclaré dès hier qu'en cas de doute sérieux il rendrait la somme versée. En lisant les pièces de l'information, il a reconnu loyalement qu'il y avait de très-fortes raisons d'attribuer à une pure

imprudence la blessure du uhlan, et il a ordonné
de restituer les cinquante mille francs à la ville,
qui ne s'attendait pas à un tel procédé. De la
part d'un Prussien, c'est tout simplement
magnifique. M. de Bredow eût, en effet, trouvé
facilement de l'autre côté du Rhin des casuistes
qui lui eussent démontré, par une série de
raisonnements vigoureux, son droit absolu à
garder l'argent et à rançonner la ville pour un
fait auquel elle n'avait aucunement participé,
mais qui ne se serait sans doute pas produit
si les clefs des armoires avaient été laissées partout à la discrétion des uhlans.

J'ai causé ce soir avec mes hôtes. Deux
d'entre eux sont mariés, pères de famille, et
appellent de tous leurs vœux la conclusion
d'une paix quelconque. Inutile d'ajouter qu'ils
ne se soucient pas plus de la Lorraine et de
l'Alsace que du royaume de Caboul. Ce sont des
gens fort débonnaires, qui ont à des degrés
divers la nostalgie du foyer domestique et qui
transportent au gîte d'étape leurs habitudes
bourgeoises. La nuit venue, ils s'enferment dans
leur chambre et se chauffent tranquillement,
couchés devant l'âtre et noyés dans la fumée
bleuâtre de leurs cigares. Jamais Vestales, par
exemple, n'ont entretenu leur feu sacré avec
plus de sollicitude : il faut à ces hommes du
Nord la température des orangers, sans que la

chaleur factice dont ils s'entourent leur en communique, du reste, les délicates senteurs. Point de bruit au dehors, point de traînards dans les rues, point d'ivrognes chantant et titubant. A partir de neuf heures, on n'entend plus que les chats qui se disputent avec une avidité de mauvais goût les débris de la victuaille prussienne.

18 décembre.

Les troupes partent à sept heures et demie. Mes landwehr, qui ont, sinon la mémoire du cœur, au moins celle de la charcuterie, me font leurs adieux avec une expansion gênante. A huit heures, il ne reste plus que quelques voitures dans la ville. En même temps un escadron de cavalerie défile par la rue de la Madeleine et descend la pente ardue de la rue des Huileries pour gagner la route de Droué. Beaux dragons, ma foi! Leurs têtes régulières et barbues s'encadrent énergiquement dans les lignes sévères de leurs casques renouvelés du XIVe siècle. Rarement la force guerrière et l'humeur conquérante se manifestent sous des traits plus caractérisés : c'est la féodalité teutonique qui revit tout entière dans ces paladins modernes. Des officiers aux larges épaules, aux allures superbes et martiales, me font penser à ces héros de Niebelungen que Schnorr, en des temps meilleurs, a tracés sur les murs de la Nouvelle-Résidence de Munich. Je croirais volontiers que les grandes figures de la fresque se sont détachées subitement de ses compartiments, si l'aigle prussien ne réveillait, par malheur, le souvenir moins héroïque de caves mises à sec et de pendules soigneusement emballées.

Châteaudun n'est pas longtemps délivré de ses envahisseurs. Les derniers dragons n'ont pas disparu que des sous-officiers viennent déjà compter les fenêtres et crayonner aux portes où les inscriptions commencent à s'enchevêtrer singulièrement. A midi, une compagnie d'infanterie bavaroise se montre avec un escadron de uhlans et des voitures de vivres. Ce sont, paraît-il, les cent vingt-cinq hommes qui ont déguerpi si prestement, le 12, à l'approche des francs-tireurs. On les répartit sur la Place et dans les rues voisines. Cette fois, j'ai la satisfaction de me trouver au-delà de l'extrême limite des logements et d'échapper à cette occupation dont le terme est incertain.

La ville est complètement épuisée. Depuis l'arrivée des premières troupes, elle a dû fournir pour trois mille francs chaque jour de réquisitions en nature. Chevaux, bestiaux et fourrages, tout a été raflé par les Allemands. Une botte de paille est à peu près introuvable. La plupart des marchands, peu soucieux de recevoir en paiement des pièces frustes ou démonétisées, ont fermé boutique, et c'est à peine si les habitants réussissent à se procurer quelque nourriture, tandis que les soldats font le vide dans les caves et gaspillent à plaisir la viande, le riz, le café qui leur sont largement distribués.

On dit que nos troupes ont évacué Marchenoir et qu'elles se replient vers le Mans pour tenter de s'ouvrir de ce côté un passage vers Paris, éternel objectif de leurs mouvements. Encore un effort qui coûtera cher ! On voudrait croire à son succès ; mais la foi ne s'impose pas.

19 décembre.

Les uhlans ont quitté ce matin la ville. Tant mieux ! Je ne connais rien de laid et de répulsif comme ces cavaliers à la brutale physionomie, au schapska anguleux et à la sinistre houppelande. Il nous reste cent vingt-cinq Bavarois, gens tranquilles et dont leurs hôtes ne se plaignent pas. Ils ont pour les Prussiens une sainte horreur et ne se gênent pas pour l'exprimer. Vilains soldats, du reste, aussi grêles et chétifs que mal vêtus et mal tournés. En les voyant défiler, traînant la jambe, la capote effrangée, un bonnet de coton graisseux sous le casque à chenille noire, on songe, non plus cette fois aux guerriers légendaires de la vieille Allemagne, mais à ces militaires moins épiques que la grande-duchesse de Gerolstein passait si crânement en revue l'an dernier.

La place Royale offrait pendant l'après-midi un lamentable spectacle. Trente-six prisonniers français cheminaient dans la boue sous la conduite d'une demi-douzaine de uhlans. J'ai causé quelques instants avec un sous-lieutenant de mobile pris le 13 décembre à Morée, comme la plupart de ces hommes. Toujours les mêmes plaintes! Point de direction, une constante infériorité de nombre et d'armement, un désarroi qui ne laisse aucun espoir. La population se presse autour des prisonniers que l'escorte surveille seulement du coin de l'œil. On leur apporte un peu de nourriture, quelques rafraîchissements, et ils sont ensuite dirigés vers la salle de l'Enseignement mutuel où ils sont internés pour la nuit.

20 décembre.

Des voitures de toutes formes et de toutes provenances, fourgons à bagages, caissons, chariots volés ou réquisitionnés ont traversé la ville.

La garnison bavaroise ne fait point parler d'elle. Gens sales, mais inoffensifs. Le commandant de place, lieutenant Loreck, est un aimable garçon, blond, rose et imberbe comme un page. Quelques personnes mettent à profit son obligeante humeur et lui confient des lettres que les uhlans porteront à Orléans et qui de là seront adressées par la Suisse à destination. Pas un mode de correspondance ne nous aura manqué. Nous recevions déjà des lettres par ballon libre, par ballon monté, par pigeon voyageur. Ce n'était pas encore assez excentrique, nous en expédierons désormais par uhlan. Dieu veuille que cette relation postale soit de courte durée !

On m'a apporté aujourd'hui plusieurs numéros des *Gazettes de Cologne* et *de la Croix*, oubliés par les Allemands. Le ton général de ces feuilles n'est pas outrecuidant comme on pourrait le croire. On n'y trouve guère de ces impertinences ou de ces contes bleus qui émaillaient au début de la guerre les colonnes de notre petite presse. Mais que d'idées baroques ! Un *reporter*, en décrivant son installation à Nogent-le-Rotrou et le caractère de son hôte, ajoute : « Une réflexion est maintes fois revenue dans notre conversation, c'est qu'on aura besoin durant quelques années en France des troupes allemandes pour sauver le pays de lui-même. J'ai entendu bien des fois déjà formuler cette opinion, et les gens raisonnables du pays ne craignent pas de s'exprimer en ce sens, quand ils sentent qu'ils ont affaire à un interlocuteur exempt de préjugés. » C'est à encadrer. Le besoin de posséder les Allemands quelques années en France ne se fait pourtant guère sentir. J'aime surtout ce rôle de sauveurs qu'ils se réservent. En attendant l'heure de le remplir, ils épuisent chez nous toutes les sources de la fortune publique, ils se ruent à la curée de ces richesses dont nous avons eu le tort de leur montrer la splendeur, ils sucent comme des vampires le meilleur de notre substance. Plus tard, paraît-il, ils auront encore l'obligeance de nous sauver, et si nous ne sommes pas d'abominables ingrats, nous devrons tresser des couronnes au vieux Guillaume qui aura bien voulu terminer en notre faveur le cycle de sa mission providentielle.

Ces gens, du reste, sont étonnants. Chez nous, ils ne rêvent que charcuterie, pillage et vol. Un plat de pommes de terre au lard constitue leur idéal, et les imaginations les plus raffinées ne s'élèvent guère au-dessus d'une bouteille de Champagne. Et cependant, il se trouve chez eux des poéticules qui, au milieu des horreurs d'une guerre sans précédents, remplissent la quatrième page des journaux de petits vers où il n'est question que de souffles printanniers, de fleurs bleues, de lampes d'or qui s'allument au ciel, de petits oiseaux qui jasent avec de petites étoiles, etc. Amère dérision que la niaiserie sentimentale de ces mangeurs de choucroute!

21 décembre.

Grand mouvement de troupes toute la journée. De huit heures à trois heures, l'armée du grand-duc de Mecklembourg traverse la ville pour gagner la route de Chartres. C'est d'abord une longue file de voitures de toute espèce, depuis la lourde charrette rustique, depuis le fourgon bondé de vivres ou de munitions, jusqu'à l'élégant coupé blasonné, puis un équipage de pontonniers, plusieurs régiments d'infanterie prussienne, saxonne et bavaroise, des compagnies de pionniers, des hussards hessois, de l'artillerie, etc.; enfin un convoi de chariots réquisitionnés, dont les chevaux à demi-fourbus ont peine à suivre l'allure vigoureuse des attelages prussiens. Le grand-duc et son état-major prennent la rue de Bel-Air. Point d'aiguillettes, de galons, de panaches, de ceintures éclatantes, de fanfreluches intempestives: le prince des Vandales est costumé comme le dernier de ses lieutenants. Sur la place Royale, l'infanterie défile au son d'une musique joyeuse. A

part les Bavarois, ce sont incontestablement de
belles troupes, allègres, brillamment équipées,
alignées au cordeau et emboîtant le pas avec un
ensemble dont une machine atteindrait à peine
la précision géométrique. Je me figure toutefois
que cette entrée triomphale a principalement
pour objet de nous jeter de la poudre aux yeux.
On veut que la musique nous berce d'agréables
mélodies, que les casques nous éblouissent de
leurs pointes fulgurantes, que le pas si régulier
nous étourdisse par sa merveilleuse cadence.
Qui sait? Peut-être ne remarquerons-nous pas
que plusieurs batteries ne sont pas au complet,
que les régiments n'ont pas leur effectif régle-
mentaire, et que le nombre des musiques est
tout à fait hors de proportion avec celui des
hommes sous les armes.

Une partie de ce corps d'armée ne nous est
déjà que trop connue. C'est la 22ᵉ division avec
son Wittich, qui a eu la gloire de brûler Châteaudun, et quelques figures réveillent au passage mille souvenirs de pétrole et de pillage.
Les Bavarois aussi ont été nos hôtes. Mais de
quelle joie féroce ne sommes-nous pas émus
en constatant leur invraisemblable réduction!
C'est à n'y pas croire. Tout ce corps de von der
Tann a fondu comme neige devant Orléans.
Cinq mille hommes à peine se traînent à la
remorque des divisions prussiennes, et le reste

dort en paix dans les plaines de la Beauce.

Je traversais la Place, quand un sous-officier se détache des rangs et m'accoste :

— « Monsieur, » demande-t-il en un français passable, « n'y a-t-il pas ici un *advokat* qui se nomme Renou.

— « Oui, » lui dis-je, « un notaire. »

— « Eh bien! Monsieur, » reprend-il sans le moindre embarras, « veuillez vous charger de le prévenir que c'est moi qui lui ai pris, le 18 octobre, des titres qui représentent une valeur de trois cent mille francs. Qu'il ne s'en inquiète pas. Je les ai expédiés à ma famille; mais je les lui renverrai. Cela me vaudra, j'espère, une gratification. »

A première vue, ce Prussien en veine de restitution semble tout aussi digne d'un prix de vertu que n'importe quel cocher des Petites-Voitures. Mais il est bon de savoir que les titres soustraits sont nominatifs et n'ont entre les mains du voleur que le prix d'un chiffon de papier.

Un bataillon bavarois et l'état-major de la 4e division de cavalerie s'arrêtent seuls à Châteaudun. Mon quartier est bientôt plein d'hommes et de chevaux. On inscrit à ma porte le logement d'un trésorier. A cinq heures, effectivement, se présente un jeune capitaine de hussards, de figure avenante et d'une bonne humeur qui, malgré les préoccupations du moment, finit par m'amuser. Il a fait toute la campagne et commandait un détachement de l'escadron qui a escorté l'empereur de Sedan à la frontière belge.

— « Quelle chute! » me dit-il. « Cet homme qui avait dicté ses lois à l'Europe, je l'ai vu dans ce moment suprême où vaincu, captif, découronné, il quittait le territoire français. Il était immobile au fond de sa voiture, les bras retombant inertes sur ses genoux, les joues pâles et creuses, les traits décomposés, les yeux demi-clos. Un homme écrasé, quoi! »

La défense de Châteaudun étonnait mon hôte.

— « Pourquoi nous avez-vous résisté? » me demande-t-il. « Est-ce qu'une ville ouverte comme la vôtre peut lutter avec quelque chance de succès? Il n'était pas douteux que nous y entrerions à l'heure voulue. Vous me dites qu'on nous a mis deux mille hommes hors de combat. Qu'importe? Chez nous, on ne voit que le but. Une opération est-elle réputée nécessaire, on ne lésine pas sur les moyens. Nos chefs l'ordonnent et nous marchons sans en discuter le péril ou l'opportunité. Le soldat, comme l'officier, n'hésite jamais à s'immoler au devoir, et c'est ce dévouement discipliné qui nous assure presque invariablement le succès. Votre résistance était une folie. »

— « Folie peut-être inutile, » lui dis-je, « mais folie héroïque, et elle nous a coûté assez cher pour désarmer la critique. »

— « C'est vrai, Châteaudun a plus noblement agi que ces villes qui se rendent à la première sommation. Mais aussi que de ruines! »

22 décembre.

Dès sept heures le clairon sonne et tout s'apprête pour le départ. A huit heures, les maisons sont vides. Hommes, chevaux et voitures ont pris la route de Chartres. Courte joie comme toujours! Un contre-ordre est donné et, au bout d'une heure, tout rentre au gîte. Il arrive même un supplément de Bavarois. Le capitaine Beenis, que j'ai logé hier, ne reparaît pas, et personne ne vient heureusement le remplacer au logis.

23 décembre.

Mon sommeil a été bercé par le pas lourd d'une sentinelle qui gardait le trésor du régiment de hussards. J'ai pu remarquer plus tard qu'au défilé, comme au stationnement, la caisse demeurait constamment placée entre deux fourgons d'ambulance et se trouvait ainsi protégée par la croix de Genève.

Dès le matin, une bonne nouvelle vole de bouche en bouche. On dit que les troupes partent cet après-midi et que les Bavarois eux-mêmes évacuent la ville. Point de déception cette fois. A deux heures, les soldats bouclent leurs sacs, les chevaux s'attellent aux voitures et bientôt tout se met en mouvement. Un escadron de hussards de la Mort ouvre la marche. Les équipages le suivent, puis l'artillerie qui se compose de huit canons disgracieux et peinturlurés en bleu, quelques chariots pleins de vivres et de vin volés, enfin l'infanterie bavaroise. Malgré un froid très-vif, la population rangée en espalier sur le côté sud de la Place, assiste joyeusement au défilé de ces soldats enchenillés, en leur adressant *sotto voce* toutes sortes de souhaits désobligeants. On redoutait une occupation plus longue et l'on est agréablement surpris de ce départ général qui met un terme aux misères des huit derniers jours. Plus tard, un bataillon d'infanterie arrive de Lanneray, mais traverse seulement les rues basses et se dirige comme le gros des troupes vers Montboissier. Quelques cavaliers se montrent encore. A cinq heures, enfin, tout a disparu.

On devine les récits qui s'échangent. Durant cette semaine de malheur, le pillage a été plus effronté que jamais et, — chose étrange, — c'est aux Bavarois surtout, ces Athéniens de l'Allemagne, qu'il faut en rapporter l'honneur. Je ne parle que pour mémoire des demeures abandonnées : il est convenu une fois pour toutes qu'elles sont à la discrétion du soldat. Le type le plus curieux en ce genre est la maison de la baronne P... où je ne sais combien de uhlans et de cuirassiers blancs se sont succédés pendant huit jours. Les chevaux étaient logés dans le salon et on leur administrait l'avoine dans le tiroir d'une commode juché sur une table à jouer. A défaut de bois, un petit bâtiment a été démoli : ses débris, avec les portes des placards et les rayons des étagères, servaient à alimenter le feu. Il est superflu d'ajouter que la meilleure partie du linge a été volée, ainsi qu'une pendule, onze couvertures, presque toute la batterie de cuisine, etc. Des matelas ont même disparu, et un des derniers hôtes de la maison a dû se faire un sommier avec une collection du *Journal officiel*, qui rachetait sans doute par sa vertu soporifique ce qui lui manquait en élasticité.

Les histoires de caves pillées n'ont pas de fin : c'est un sujet intarissable comme la soif allemande. Chez M. G..., deux cents bouteilles de vins exquis, dont les plus jeunes ne comptaient pas moins de vingt-cinq années, ont été bues en quelques heures. Les soldats, gorgés, ont fini par en jeter par les fenêtres. A l'heure du départ, je les ai vus charger publiquement une pièce dans une voiture, et il s'est trouvé des officiers pour approuver ce vol manifeste.

Chez M. L..., des soldats logés ailleurs ont fait, un soir, une irruption violente dans sa cave, et malgré ses réclamations énergiques, ont enlevé deux cents bouteilles sous prétexte de réquisitions.

A l'hôtel de la sous-préfecture, les caves ont été sondées en tout sens et les soldats, à force de percer des murs, ont découvert la cachette où les minutes du greffe avaient été serrées; mais ils n'ont pas élargi le trou en s'apercevant que les pièces renfermées dans le caveau étaient purement judiciaires.

A Nermont, ils ont été plus heureux. A la suite de minutieuses perquisitions, ils ont trouvé une cachette et extrait deux mille bouteilles d'excellents vins qu'elle recélait.

Chez Mlle L..., ils ont également fouillé le sol de la cave, déterré toute l'argenterie et emporté, en outre, des titres qui représentent une valeur de dix-sept mille francs.

Au hameau de Péringondas, qui dépend de Châteaudun et participe par conséquent aux frais des réquisitions, des officiers ont menacé « d'abîmer les maisons » si les habitants ne fournissaient immédiatement une contribution de deux cent cinquante francs.

A Saint-Avit, chez M. B...-G..., un officier bavarois, à l'heure du départ, est venu enlever en personne, sous les yeux de son hôte confondu, les trois couvertures du lit de sa mère que son âge avancé et ses infirmités devaient protéger plus que toute autre contre une aussi infâme déprédation. Le fait paraît incroyable, et cependant il est rigoureusement vrai. Je l'enregistre, du reste, avec satisfaction. De telles indignités nous apprennent à mépriser nos vainqueurs, en dépit de leurs succès foudroyants. Il y a pour nous une consolation réelle à les trouver aussi complètement étrangers à ces délicatesses sociales dont une civilisation raffinée a fait la règle de nos rapports. Humiliés, abattus, piétinés, il nous reste au moins le sentiment secret de notre supériorité morale sur ce million de goujats dont les lourdes bottes nous meurtrissent et nous écrasent. [12]

J'emprunte le mot de la fin à un caporal. Il vaut son pesant d'or. Une personne s'aperçoit que les soldats logés chez elle commencent à piller, qu'ils s'amusent, par exemple, à enlever les mouvements des pendules et à découper des cachemires en fines lanières dont ils se font de petites cravates. Elle va se plaindre à un offi-

cier. Celui-ci délègue un sous-officier qui se
présente à la maison, s'indigne contre les soldats, puis, avisant une chemise que ceux-ci
n'ont pas eu le temps de glisser dans leur sac,
met la main dessus. Et comme le propriétaire
se récrie : « Bonne pour caporal, » dit-il, et il
se retire majestueusement.

24 décembre.

Le froid très-vif déjà depuis trois jours a fait
descendre le thermomètre à treize degrés : température printanière, hélas! pour les Prussiens
que le climat de leur affreux pays habitue à
supporter sans murmure vingt-quatre degrés
au-dessous de zéro.

Quelques soldats, sortis on ne sait d'où, circulent encore dans la ville. Des hussards de la
Mort cherchent trois voitures pour emporter
quatorze cents rations de pain déposées à la
mairie, mais sont obligés d'aller en requérir
jusqu'à Bonneval. A trois heures, enfin, une
dizaine de fantassins opèrent le chargement et
ne tardent pas à disparaître. L'occupation a dit
son dernier mot.

Il est rare que je ne passe pas une heure aux
ambulances organisées par les soins des Irlan-
dais. Il y en a une dizaine qui sont très-convena-

blement aménagées et où les blessés sont traités par de jeunes médecins vêtus uniformément de jaquettes bleues et assistés d'une légion d'infirmiers. Les opérations se font généralement au collége. Aujourd'hui, du long dortoir où gisaient une trentaine de pauvres écloppés, j'entendais les cris déchirants d'un malheureux à qui le chirurgien en chef, entouré des élèves, coupait la jambe dans une pièce voisine. Un jeune soldat, relevé tardivement sur le champ de bataille, avait la moitié du corps paralysé par la congélation : on lisait sur ses traits déjà rigides la marche ascendante de la mort qui gagnait insensiblement le cerveau. A côté de l'agonisant, un lignard dévorait un volume de *Montecristo*. Un Bavarois, qui avait au bras une plaie affreuse, subissait sans mot dire et fumant impassiblement sa pipe un pansement douloureux qui mettait à nu ses chairs mutilées. Tous sont parfaitement résignés. Une femme dont le dévouement n'a pas faibli un instant depuis deux mois, Mme de Lanauze, leur prodigue des soins maternels, plaisante avec eux comme un camarade, relève leur courage et charme leurs épreuves par la vivacité méridionale de son langage. Telle bonne parole vaut mieux que bien des spécifiques pour ces pauvres soldats que l'ennui dévore.

Aux dames de Bon-Secours, on ne chante pas

précisément les louanges de M. de Lipowski. Des tirailleurs girondins se plaignent amèrement d'avoir été oubliés par lui dans le parc de Varize, où ils ont été fort maltraités le 29 novembre.

A l'ambulance des Dames-Noires, j'ai vu ce misérable uhlan qui a failli faire incendier le reste de la ville. C'est un blondin à la figure commune et bête, inscrit sous le nom de Wilhelm Lendt, sous-officier trompette au 16e régiment de uhlans. On lui a amputé le bras et il ne paraît pas devoir survivre à l'opération. Nous ne le pleurerons pas.

27 décembre.

Chaque jour nous voyons quelques cavaliers. Aujourd'hui, c'était un convoi de vingt voitures qui stationnait une heure sur la Place. Nul incident, d'ailleurs, qui vaille une note. La ville est encore sous la morne impression de l'occupation. Quelques passants à peine animent la solitude des rues. Tous les magasins sont clos, et quand, par hasard, une porte s'entr'ouvre, on n'aperçoit que des rayons déserts et des vitrines où l'invasion a fait le vide. Déjà la vie matérielle présente de graves difficultés. Le sucre, le sel, la bougie seront avant peu des mythes, si l'on en croit certains fournisseurs, qui, en attendant l'heure de la détresse, réalisent d'honnêtes bénéfices sur les marchandises achetées en des temps plus heureux. Parfois, il est vrai, quelques-uns s'aventurent derrière les fourgons de l'ambulance irlandaise, au-delà des limites de l'arrondissement. Ceux qui ne doutent de rien vont jusqu'au Mans. On admire ces hardis explorateurs, et leur retour est un événement qui défraie toutes les conversations. Jamais un voyage au pôle nord n'aura le succès de curiosité qui s'attache à ces expéditions. L'épicier devient le lion du jour. On se conte avec un sérieux comique les tonnes d'huile et les paquets de chandelles qu'il a fait passer sans encombre à travers les lignes ennemies. On baiserait même la trace de ses pas le jour où, soucieux de politique, il rapporte entre deux tablettes de chocolat quelque journal dont on dévore avec une gloutonnerie d'affamés les plus maigres entrefilets.

Ailleurs, même pénurie, sans espoir de ravitaillement. Les bûches se font rares dans les chantiers. Le charbon de terre, que la rudesse croissante de la température fait particulièrement regretter, n'est plus qu'un lointain souvenir. Quant au tabac, *nichts mehr*, comme disent les Allemands. Les débits sont depuis longtemps à sec, et l'on ne compte plus guère

que sur la Providence pour faire pleuvoir de
temps en temps quelques cigares de con-
trebande.

28 décembre.

Deux escadrons de cavalerie escortaient ce
matin un convoi qui se dirigeait vers Chartres.
Par une précaution bien superflue, de petits
détachements parcouraient en même temps les
rues, le mousqueton levé.

La neige tombe. Sous cette nappe légère, la
ville prend l'immobilité de la mort. Le calme
sinistre des nécropoles règne dans les quartiers
incendiés. La place Royale, agrandie par le
brouillard qui recule ses perspectives, entoure,
comme une zône déserte, la fontaine dont les
vasques se sont festonnées de stalactites. Quel-
quefois une psalmodie rompt tout à coup le
silence, et le suaire d'un cercueil fait une tache
noire sur la blancheur immaculée de la neige.
Ce sont des victimes de la guerre ou de la
variole qu'on mène à leur dernière demeure.
Funèbre spectacle que les deux fléaux nous
donnent chaque jour avec une progression
aussi alarmante que la soudaineté de leurs
coups !

30 décembre.

Quelques journaux sont parvenus à la Mairie et on se les communique avec un empressement que leur contenu ne justifie guère. Pas de nouvelles intéressantes, mais une série d'événements fâcheux, des troubles à Toulouse, un chef de bataillon fusillé à Lyon par une poignée de misérables, des mobiles en débandade, enfin, — et c'est à n'y pas croire, — un décret qui prononce la dissolution des conseils généraux. Il faut que le triumvirat de Bordeaux soit malade. Je n'imaginerai jamais que des hommes sains d'esprit se livrent à de pareilles violences vis-à-vis du suffrage universel auquel ils ont de si grandes obligations. Gambetta surtout devrait se faire soigner.

On dit que M. de Lipowski, nommé lieutenant-colonel le 16 octobre, colonel un mois après, est aujourd'hui général de brigade. La fortune ne lui aura pas été amère. Le vainqueur d'Iéna mit neuf ans, si je ne me trompe, à conquérir le même grade.

31 décembre.

Deux cent onze uhlans ont traversé la ville

vers quatre heures du soir, se rendant à Courtalain où un engagement a eu lieu hier. A huit
heures, par une de ces nuits que la lune voilée
de nuages gris éclaire vaguement de lueurs cré-
pusculaires, ils repassent dans nos rues en
chantant avec une insouciante gaîté que nous
ne partageons guère. Un millier d'autres cavaliers défilent en même temps par les Fouleries
et retournent au camp établi depuis quelques
jours à Flacey.

Quelle fin d'année! L'isolement que la guerre
nous a fait a suspendu toutes relations de
famille ou d'amitié. Aucun message ne franchit
plus le cercle étroit que l'ennemi a tracé autour
de nous. Pas une lettre, pas une carte n'est
venue nous transmettre les vœux accoutumés.
D'autre part, ce n'est pas sans effroi que notre
pensée se reporte vers ceux qui nous sont
chers. Que deviennent-ils au milieu de ces
cruelles conjonctures? Les balles prussiennes
ont-elles épargné ceux que leur jeunesse
ou leur patriotisme a jetés dans les rangs de
l'armée? Les privations et les épidémies n'ont-
elles pas atteint ceux que le siége enferme
dans Paris? Qui reverrons-nous? Qui retrou-
verons-nous à l'issue de notre *carcere duro?*
Questions inquiétantes, insolubles aujourd'hui
et qu'on ne cesse pourtant de se poser avec
angoisse.

1er janvier 1871.

La température s'est un peu détendue et le soleil a daigné luire. Des flaques de neige étincelaient, comme du marbre de Paros, sous ses froids rayons. Aucun magasin, du reste, ne s'était ouvert pour le premier jour de l'an, et les rues auraient été aussi désertes que d'ordinaire, si, par entraînement d'habitude ou respect des traditions, quelques personnes n'avaient été se porter réciproquement des cartes. A trois heures, quatre hussards de la Mort ont traversé la Place, graves et muets. On eût dit le vivant symbole des jours de deuil qui s'ouvrent avec l'année nouvelle.

3 janvier.

Hier des cavaliers ennemis ont été attaqués sur la route de Cloyes par des paysans embusqués dans le bois de l'Aumône, à quelques kilomètres de Châteaudun. Il y a eu deux blessés que leurs camarades ont emmenés, et un mort qui, aussitôt dépouillé, est resté nu sur le terrain.

Ce matin, nous avons assisté, pour ainsi dire, à une de ces sauvages exécutions que les Prussiens ont élevées à la hauteur d'un principe et qui glaceront d'horreur les futurs historiens de la campagne. Deux cents fantassins et cavaliers, venus de Bonneval, ont traversé la ville, en agitant des torches fixées au bout de longues perches. Au hameau de la Fringale, ils voulaient déjà mettre le feu; mais les supplications des femmes ont réussi à les en détourner et ils se sont contentés d'emmener trois vaches. A la ferme du Barry, près de laquelle les vêtements du cavalier avaient été jetés imprudemment ou peut-être méchamment, ils ont invité le fermier à faire sortir ses bestiaux, puis, sous prétexte qu'il avait logé des francs-tireurs, ils ont procédé à l'incendie de ses bâtiments, tranquilles et indifférents d'ailleurs comme s'ils exécutaient la plus inoffensive des manœuvres. Ils ont été porter aussi le feu dans cinq petites maisons voisines. Rien ne prouvait que les habitants du hameau eussent pris une part quelconque à l'attaque de la veille; mais les Prussiens ne se perdent pas dans ces minutieuses considérations. Ordre leur avait été donné de faire un exemple : peu importait l'innocence ou la culpabilité des malheureux que ces monstrueuses représailles devaient atteindre.

A midi, les incendiaires étaient de retour. Les fantassins ont gagné directement la route de Bonneval. Les cavaliers seuls sont venus tournoyer quelque temps sur la Place. L'officier qui les commandait s'est même présenté chez le maire, s'est excusé avec une politesse exquise de le déranger, et l'a invité à recommander la plus grande prudence à la population. Des paysans du voisinage, lui a-t-il dit, s'en étaient départis, et il s'était trouvé dans la fâcheuse nécessité d'aller incendier leurs demeures. Encore cette fois n'avait-il brûlé qu'un petit nombre de maisons; mais à la première hostilité on agirait avec plus de vigueur.

C'est bien l'Allemand de nos jours. Assoupli, façonné par les caporaux, il ne connaît pas, comme ses farouches aïeux, les entraînements de la victoire. Ses atrocités ne sont jamais improvisées. Tout est chez lui pesé, délibéré, réfléchi, prémédité. Il brûle à froid, il fusille par calcul, il vole avec une méthode presque scientifique, il pille en conformité d'un mot d'ordre. Mélange écœurant de sauvagerie native et de pédantisme hypocrite! Était-ce la peine de discuter cent ans sur le moi et le non-moi, d'inventer l'idéalisme subjectif et l'idéalisme objectif, l'impératif catégorique et l'identité des contraires, pour en venir à nous faire cette guerre de Peaux-Rouges?

5 janvier.

Je surveillais la rentrée de mon mobilier

qu'on exhumait péniblement de la cave, quand un grand mouvement de chevaux et de voitures m'attire sur la Place. Encore des Prussiens! C'est une division de cavalerie avec un convoi de vivres et de bagages. Il y a les uhlans de rigueur, quelques cuirassiers et beaucoup de hussards de Blücher. L'état-major s'arrête avec douze cents cavaliers et prend ses logements en ville, tandis qu'une partie des chariots et une batterie d'artillerie se rangent sur la Place. Un officier, coiffé d'un élégant talpack et coquettement drapé dans sa pelisse au collet doublé de jaune, se présente chez moi pour visiter l'appartement. Mais il tombe au plus fort de mon emménagement, et, à la vue des meubles sans nombre qui encombrent ma chambre d'ennemi, il déguerpit sans esprit de retour.

6 janvier.

Le départ de la division s'effectue à dix heures dans cet ordre merveilleux que nous pouvons justement envier aux Allemands. Dix minutes avant l'heure fixée, les voitures allongent encore leurs timons sur la Place où quelques sentinelles s'agitent seules. Au moment précis où le timbre sonne, tous les chevaux sont attelés et les hommes n'attendent plus pour monter que le rauque commandement des officiers. Cavaliers et chariots prennent la route de Cloyes. La température s'est adoucie et un beau soleil éclaire ce départ que la population suivrait de l'œil avec une satisfaction plus complète, si plusieurs officiers n'avaient annoncé leur prochain retour.

Il y a comme toujours à noter de brutales exigences que l'état de guerre ne justifie en aucune façon. Ces officiers qui se piquent d'être de parfaits gentlemen et qui en ont extérieurement les allures, se font souvent un plaisir de sauter à pieds joints par-dessus les règles les plus élémentaires du savoir-vivre. On me cite un colonel qui s'était installé dans la chambre d'une dame et refusait obstinément d'en sortir : la pièce lui convenait parfaitement, elle était chaude, claire, bien aérée; à quoi bon se donner l'embarras d'en préparer une autre? Un de mes voisins, également menacé d'une évacuation, a résisté non moins énergiquement, et le général établi chez lui a dû, tout en grommelant, battre en retraite vers une autre chambre. Mais ces misères qui nous apprennent à considérer certains de nos vainqueurs à l'égal de valets d'écurie, ne sont rien en comparaison des souffrances que les petits cultivateurs endurent. Les cavaliers logés chez ces pauvres gens les traitent avec une dureté sans nom. Ils boivent leur cidre, tuent leurs poules, dévorent leurs modestes repas, prennent leur blé pour faire de la litière aux chevaux et s'emparent violemment de leurs lits en leur laissant la liberté de passer la nuit sur une chaise. L'indigence n'est même pas une protection, et trop souvent les soldats se vengent avec une révoltante lâcheté des ressources bornées de leurs hôtes.

7 janvier.

On rapporte à la charge des Prussiens plusieurs faits odieux. Il y a quelques jours, un habitant de Langey a été surpris par eux en action de chasse. Ils l'ont aussitôt arrêté, blessé de coups de sabre et conduit à Châteaudun où on l'a vu cheminer péniblement à leur suite, les mains attachées derrière le dos. Hier, en s'en allant à Cloyes, ils l'ont fusillé au Barry, à la place même où un hussard avait été tué le 2 janvier. Deux autres paysans de Châtillon, qui chassaient également au fusil, ont été appréhendés dans les mêmes circonstances et fusillés à Bonneval.

Une voiture a amené vers midi un officier et quelques soldats qui se sont immédiatement

occupés à réparer le télégraphe. Deux fils res-
tant intacts, il a suffi de quelques pouces de fil
de fer pour rétablir les communications.

8 janvier.

Une cinquantaine de cavaliers se sont montrés à une heure au bout de la rue d'Orléans.
Jamais je n'ai vu détachement plus panaché :
hussards rouges, hussards de la Mort, uhlans,
cuirassiers blancs, il y en avait de toutes
nuances. L'émotion publique, un instant exci-
tée, s'est calmée aussitôt qu'on les a vus se
diriger vers le quartier de cavalerie où ils se
sont installés.

A défaut de nouvelles, on colporte des bruits
extravagants, et il se trouve des naïfs pour y
ajouter créance. Il y a quelques jours, c'était
l'armée de Paris qui bombardait Versailles, et
un homme venu de ce côté racontait sans rire
qu'il avait vu la ville en feu. Un autre, moins
affirmatif, avait constaté simplement que les
canons français étaient braqués alentour et le
quartier-général cerné. C'est le roi Guillaume,
aujourd'hui, qui défraie la chronique. On prétend qu'un Bavarois lui a envoyé trois balles et
que ses précieux jours sont en danger. Des
stratégistes de carrefour parlent enfin d'une

diversion qui serait tentée en Allemagne. Cent
mille marins s'embarqueraient à Cherbourg
pour se jeter sur les côtes de Hanovre. *Sancta
simplicitas!*

La soirée ne s'est point passée sans quelque
bruit. A huit heures, les Prussiens parcouraient
la Place en chantant ironiquement la *Marseillaise.* A onze heures, ils enfonçaient deux devantures et réclamaient impérieusement du pain et
du cognac.

10 janvier.

La neige, tombée en masse hier, prend au
soleil un éclat que l'œil a peine à supporter.
Sur ce fond éblouissant se détachait vers midi
un convoi prussien qu'escortaient seulement
quelques cavaliers. Pour la première fois peut-
être, j'en ai remarqué le caractère pittoresque.
La neige qui couvrait le dessus des voitures
dessinait les plis ondulés de leurs toiles tendues
sur des cercles de bois. Les roues et les attelages se découpaient vigoureusement sur la
blancheur de la route, au lieu de se confondre
comme ces jours passés avec la boue grisâtre.
Les cavaliers eux-mêmes, sous cette lumière
intense, perdaient leur vulgaire physionomie :
l'irradiation du fond prêtait à leur silhouette un

accent énergique. C'était un tableau tout composé qui restera dans ma mémoire avec ses lignes et ses couleurs.

15 janvier.

Le bilan de ces cinq derniers jours n'est pas long à établir : de la neige, puis de la neige, et encore de la neige, sans préjudice d'un brouillard opaque et d'un froid qui maintient constamment le thermomètre à dix degrés au-dessous de zéro. Les plaines de la Beauce, sous ce ciel gris et terne, n'ont rien à envier à celles de la Tartarie. Des corbeaux troublent seuls de leurs cris discordants le silence lugubre qui pèse sur la campagne. Parfois ils s'abattent en noires légions comme s'ils avaient flairé quelque cadavre dans les entrailles de cette terre glacée. La ville elle-même est comme ensevelie sous un épais linceul qui assourdit encore ses bruits déjà si rares. Jamais je n'ai vu perspective aussi monochrôme : c'est le triomphe du blanc.

Le froid et l'obscurité règnent également dans les esprits, et la température ne fait, après tout, que se conformer à la situation morale. Point de renseignements sur le sort de nos armes, point de correspondances, plus de relations sociales, aucun travail intellectuel.

Une vie d'huître enfin! Deux heures par jour on entr'ouvre sa coquille pour aller cueillir çà et là quelques fausses nouvelles, puis, la nuit venue, on referme ses deux valves en attendant l'heure d'un sommeil trop souvent bercé de visions prussiennes.

17 janvier.

Quelqu'un a rapporté de Beaugency des nouvelles ébouriffantes : Trochu serait à Melun, Versailles bloqué, Frédéric-Charles en pleine retraite, Albert mortellement blessé, Bourbaki à Mulhouse, Garibaldi victorieux à Dijon, une armée de soixante-dix mille hommes à Auxerre. On parle enfin d'une sortie de Paris qui aurait jeté quarante mille Prussiens sur le carreau entre Clamart et Meudon. Tout cela me paraît de la haute fantaisie. La journée ne se passe pas d'ailleurs sans qu'une ombre immense ne vienne se projeter sur ce tableau constellé de victoires. On apprend, en effet, de source certaine que notre armée a été battue devant le Mans et que les Prussiens occupent la ville. C'est notre coup de grâce.

18 janvier.

Des alarmistes signalaient à la fin de l'après-midi l'arrivée de dix mille Prussiens. Une femme prétendait avoir quitté Cloyes au moment où les régiments entraient musique en tête. Quelque improbable que fût le chiffre annoncé, la population commençait à s'émouvoir. On était un peu désaccoutumé des Prussiens et personne ne contestera que cette habitude ne se perde plus facilement que celle du cigare ou du café. Cependant l'heure se passe et rien n'apparaît qu'une cinquantaine de voitures et autant de cavaliers qui vont s'établir paisiblement à la caserne, sans même se montrer en ville. L'alerte n'était pas fondée, et la musique de l'infanterie allemande n'avait jamais joué que dans la cervelle troublée de la commère qui avait apporté la nouvelle.

19 janvier.

Le marché a été pour la première fois très-suivi et très-animé depuis le 18 octobre. Les magasins ouvrent déjà la moitié de leurs volets. On sent que les opérations militaires se sont portées sur un autre théâtre, et la confiance renaît un peu. La journée cependant ne se passe pas sans Prussiens. Soixante cavaliers et quatre-vingts chevaux arrivent vers trois heures et vont s'installer au Quartier ou dans les maisons voisines.

21 janvier.

Encore des Prussiens. Deux convois se croisent
à Châteaudun et une soixantaine d'hommes sont
logés en ville. Il m'échoit un soldat du train
dont le premier geste est de m'ouvrir une
bouche large comme un garde-manger en proférant ce mot trop connu : « *Essen.* » Par
exemple, la phrase suivante, si courte qu'elle
soit, m'enchante. « *Nicht schlafen,* » ajoute le
soldat. Ces paroles le transfigurent à mes yeux,
et, malgré son casque à boule, il me paraît beau
comme un archange, aussitôt que j'ai la certi-
tude de ne pas l'héberger plus longtemps que
la durée de son repas.

22 janvier.

On se passe deux numéros récents du *Moniteur* qui racontent le bombardement de Paris et
gardent un silence absolu sur les nouvelles
fabuleuses de ces jours derniers. L'horizon est
plus noir que jamais, et il faut une foi robuste
pour conserver quelque espoir dans l'efficacité
d'une résistance qui n'a jusqu'à présent abouti
qu'à des revers.

La vie de reclus que nous menons ici, a par-

13

fois ses incidents comiques. Témoin le retour du courrier clandestin de Chartres. J'assiste au dépouillement de la correspondance, et je constate avec surprise qu'elle se compose de quatre pains de sucre, d'allumettes chimiques, de sel et de tabac belge. Le receveur des postes a reçu l'ordre de ne plus expédier de lettres, et il s'est fait provisoirement épicier.

Quelqu'un chassé d'Alençon par l'arrivée des Prussiens me rapportait qu'il avait entendu le grand-duc de Mecklembourg dire en parlant de je ne sais quelle petite ville qui avait des velléités de résistance : « Nous l'arrangerons à la Châteaudun. » Exactement comme on parle d'accommoder un poulet à la Marengo. Ces Allemands ont la plaisanterie funèbre.

26 janvier.

Encore de la neige. C'est le blanc linceul de la tombe où les événements nous enferment. Les jours se traînent avec une lenteur désespérante. Point de nouvelles d'aucune sorte. Quelques convois prussiens troublent seuls la léthargie qui pèse sur la ville. On ne saura jamais tout ce que les populations envahies et sequestrées comme nous ont éprouvé de perplexités, d'ennuis rongeurs et d'amères lassitudes. Nous-mêmes, en des temps meilleurs, nous ne comprendrons plus ces tortures passées, et, pour ceux qui n'ont pas pris la peine de les noter au passage, à peine en restera-t-il le vague souvenir d'un cauchemar évanoui.

29 janvier.

Nous voici décidément emprussifiés. Trois exemplaires d'une feuille intitulée *Recueil admi-nistratif de la Préfecture d'Eure-et-Loir* et publiée à Chartres par des bureaucrates alle-mands, nous apprennent que le département fait désormais partie du gouvernement général du Nord de la France administré par M. le général de Fabrice, siégeant à Versailles et assisté de M. de Nostiz-Walwitz, commissaire civil auprès dudit gouvernement. Nous sommes même pourvus d'un préfet, M. Camille Winter qui, dans une proclamation incolore et banale comme toutes les élucubrations officielles, se dit « préoccupé d'assurer le bien-être des popu-lations, » et animé du désir « de concilier leur intérêt avec celui des troupes allemandes. » Des trains vont circuler sur les chemins de fer, les fonctionnaires sont invités à reprendre leur service, le préfet compte sur leur concours « loyal et sincère. » La seconde partie du journal renferme des nouvelles de la guerre. J'y ai remarqué cet entrefilet : « Le bombardement de Paris a produit de *bons* résultats : on a aperçu plusieurs incendies. » Quel heureux choix d'expressions ! quel tact ! et comme cette feuille aura du succès près des lecteurs français, à qui elle est exclusivement destinée ! Il faut toutefois lui rendre justice : ses faits divers sont très-intéressants. A l'heure où toutes nos pensées sont tournées vers Paris étreint dans un cercle de fer et attendant vainement le salut que nos armées successivement battues ne peuvent plus lui apporter, le rédacteur anonyme du *Recueil* nous informe d'une petite éruption du Vésuve : les touristes, paraît-il, peuvent s'approcher sans danger du volcan. Précieux renseignement pour les populations beauceronnes ! Enfin le préfet, de plus en plus « préoccupé d'assurer le bien-être » de ses administrés, les prévient qu'ils devront acquitter les deux derniers douzièmes des contributions de 1870. Il importe peu que ces douzièmes aient été déjà payés : l'autorité allemande veut bien fermer les yeux là-dessus.

30 janvier.

Nouvelle renversante. Quelqu'un a vu à Bonneval un numéro de la feuille allemande, qui annonce en tête de ses colonnes la capitulation de Paris. Le drame touche à son dénouement.

31 janvier.

On échange mille réflexions sur la nouvelle d'hier. Le populaire toujours méfiant n'y croit pas et se délecte au contraire à la lecture d'une petite note manuscrite et apocryphe, qui renferme une demi-douzaine de nouvelles insensées : Garibaldi et Bourbaki en Allemagne, les Prussiens écrasés sous le Mont-Valérien, Blois réoccupé par nos troupes victorieuses, etc. Les gens plus sérieux, — et j'ajoute que le nombre m'a paru très-restreint, — ne discutent pas la réalité du fait. C'était une catastrophe fatale, inéluctable, qui a devancé de quelques jours seulement les prévisions publiques. Il est difficile d'analyser exactement les sentiments contradictoires qu'elle a fait naître. Elle couronne tristement cette succession d'effroyables désastres qui se sont déchaînés sur notre pays ; mais elle laisse entrevoir une paix définitive au terme des vingt et un jours d'armistice qui ont été provisoirement stipulés. C'est un soulagement incontestable, un coin bleu dans notre ciel enténébré. Toute lueur d'espoir s'était éteinte à nos yeux, et, depuis la reprise d'Orléans par les Prussiens, la partie nous semblait irrévocablement perdue. La résistance de Paris sauvait peut-être l'honneur national, mais prolongeait une boucherie inutile.

Dans le cours de la journée, la nouvelle est *officiellement* confirmée. A trois heures, cinq uhlans venus de Chartres déposent à la mairie un exemplaire du *Recueil* déjà nommé. Plus de doute : la dépêche est décisive et tout-à-fait de nature à ramener les incrédules.

2 février.

Une partie de la population persiste à nier la reddition de Paris. On soupçonne une mystification prussienne, on fait de subtiles distinctions entre l'armistice et la capitulation, on écoute religieusement un petit jeune homme arrivé de Versailles qui soutient qu'il n'y a qu'une suspension d'armes et que les forts sont simplement occupés par quelques Allemands sans armes dont la mission consiste à surveiller le ravitaillement de la place. C'est chose curieuse que cette résistance de la foule à toutes les idées raisonnables. Elle refuse aujourd'hui créance à un fait qui présente un caractère d'extrême probabilité ; mais que le premier venu lui annonce demain l'entrée de Garibaldi à Berlin, elle l'admettra sans hésiter et avec une foi aussi aveugle que le scepticisme dont elle fait preuve à l'heure présente.

A quatre heures, un incident jette quelque trouble dans la ville où le marché favorisé par la température avait amené beaucoup de monde. Un convoi prussien de huit ou dix voitures, escorté par une trentaine d'hommes, se présente inopinément sur la Place. Tandis que les soldats s'apprêtent à dételer, l'officier se rend à la Mairie pour faire une réquisition de vivres. La population contemplait frémissante, mais silencieuse, ces casques à pointe qui réveillaient chez elle mille souvenirs de pillage et de violences. Tout à coup un paysan de Lutz s'avance excité par l'ivresse, et, aux acclamations de quelques polissons, coupe les brides d'un attelage. Un autre niais s'amuse en même temps à coucher en joue un conducteur avec sa canne en proférant le mot terrible de « franc-tireur. » Les Prussiens se croient menacés de mort : « Armistice! » s'écrient-ils, « Armistice! Pas faire mal à nous! » A ce moment, l'officier survient, apprend l'incident, entre en rage et tire son sabre en vomissant de rocailleuses imprécations contre la foule qui s'ameute. Intervention du commissaire de police qui arrête le paysan. L'officier, peu rassuré, fait remonter ses hommes à cheval et donne l'ordre du départ en parlant d'envoyer demain un bataillon à Châteaudun. Cette petite scène nous évite le séjour des Allemands qui devaient passer la nuit ici ; mais qui sait si elle n'aura pas quelques conséquences pécuniaires pour la ville? Nous verrons alors ce que vaut une bride cassée d'après le tarif prussien.

3 février.

Les nouvelles publiées par le *Recueil* allemand paraissent concluantes. Les forts de Paris sont occupés militairement, le matériel de guerre est livré, la garnison prisonnière. N'importe, on nie la reddition, on se cramponne à je ne sais quelles folles illusions. C'est à croire que les événements ont détraqué les cervelles.

A midi, vingt cavaliers signalent un bataillon d'infanterie. La mairie prépare aussitôt ses billets de logements. A deux heures, six cents hommes débouchent sur la Place, mettent leurs fusils en faisceaux et attendent patiemment sous la pluie la distribution des billets. Il m'arrive bientôt deux jeunes Hanovriens, qui passent tout le jour à se chauffer les pieds et à écrire à « papa. » Leur conversation se résume, comme celle de tous leurs compatriotes, en une demi-douzaine de locutions sacramentelles. C'est une phraséologie à peu près invariable. Qui a vu un Allemand les connaît tous.

Le premier mot du soldat est évidemment destiné à lui concilier les sympathies de son hôte :

— « Malheur pour France! » dit-il en déposant dans un coin son *zumnadelgewehr,* « mais malheur aussi pour Prusse! »

Cet homme est sensible, se dit-on, et les maux de la guerre trouvent un écho dans son cœur. Un peu plus tard, on est charmé de l'entendre manifester quelque horreur du traitement barbare dont la ville porte les traces.

— « Châteaudun *caput!* Oh! malheur! »

Tout à coup la note mélancolique, la plainte émue font place à des propos bachiques :

— « Monsir! *wein? wein?* »

On lâche une bouteille qui est acceptée avec reconnaissance.

Une heure se passe.

— « Monsir! *Cognac?* »

On fait naturellement un geste négatif. Stupeur de l'Allemand.

— « *Nicht cognac?* Ah! malheur! »

Cependant l'heure du dîner s'approche. On prend les ordres du soldat :

— « *Fleisch! fleisch!* » répète-t-il avec une crainte visible de n'être pas suffisamment compris. « *Fleisch mit viel* pommes de terre ! »

A la vue de la soupe fumante et grasse, sa face s'épanouit et un sourire s'ébauche sur ses grosses lèvres.

— « Bonne madame ! » dit-il en dardant sur la cuisinière un regard affectueux, mais généralement chaste.

Une platée de viande succède au potage. Mais la figure de l'Allemand se rembrunit soudain. Des pensées noires semblent germer sous sa casquette plate, et l'on se demande avec inquiétude quelle peut être la cause de ce mystérieux chagrin. C'est pourtant plus simple qu'on ne croit. Un geste éloquent du soldat vous fait apercevoir que les pommes de terre ne couvrent pas toute la superficie du plat : il y là une lacune à combler. Un autre geste vous désigne la bouteille qu'on a eu l'imprudence de lui servir avec le potage. « *Caput !* » dit-il d'une voix creuse, en vous en faisant constater la siccité parfaite.

On s'émeut de cette situation douloureuse. Bien qu'on trouve que la première bouteille a été sablée avec une précipitation regrettable, on en tire une deuxième des profondeurs de la cave et l'on envoie même au convive éploré un supplément de victuaille qui rassérène immédiatement son humeur. Tout est au mieux quand le café arrive noir et boueux. D'ordinaire la préparation de ce liquide n'entraîne pas des frais exagérés. Si le soldat n'en apporte pas les éléments, on se borne à jeter quelques seaux d'eau sur un marc qui sert éternellement au même usage.

— « *Soucre?* » insinue le fils des Cimbres.

— « *Nicht mehr!* » répond-on avec aplomb.

— « Ah! malheur! » — Et il lappe silencieusement son infect breuvage.

L'heure du sommeil est venue. Le soldat jette une vingtième bûche au feu, avant de s'étendre tout habillé sur les matelas. Cependant une dernière préoccupation le ramène à la cuisine.

— « Café demain matin *sechs uhr!* » recommande-t-il, et il s'endort en rêvant aux yeux bleus de Fritzchen ou à la choucroûte de ses pères.

4 février.

Enfin un courrier nous est arrivé! Le hasard me conduit à la poste au moment où les employés, désœuvrés depuis deux mois, se multiplient pour en opérer le dépouillement. Je recueille pour ma part cinq ou six lettres et une quarantaine de journaux. Les lettres m'enchantent, les journaux me navrent. Quel gâchis

que notre situation intérieure! Voici Gambetta
qui blâme « la coupable légèreté » du traité
conclu par ses collègues de Paris, et se retire
furieux sous sa tente en ruminant je ne sais
quelle nouvelle et impossible défense. Et pourtant qui donc a été léger? Qui donc a été coupable? Qui a bercé le pays d'illusions et de
mensonges? Qui a compromis la plus grande
cause en lui imposant tyranniquement son inca-
pacité militaire et son inexpérience politique?

6 février.

Quelques lettres arrivent de Paris et nous
sommes informés que la poste allemande daigne
en faire parvenir à cette destination. Une
affiche verte, illustrée d'une diligence emportée
par le galop de quatre chevaux fringants, nous
annonce en même temps l'établissement d'un
service journalier entre Châteaudun et Chartres.
On la considère avec ébahissement. C'est l'espace qui s'ouvre devant nous, après cinq mois
de claustration.

L'armistice a fait sortir définitivement les
mobiliers des caves où quelques-uns se sont
couverts d'une belle récolte de champignons.
Les magasins ouvrent tout grands leurs volets
jusqu'alors prudemment entre-bâillés. Des

montres même commencent à se balancer aux vitrines des horlogers.

Un décret du gouvernement nous appelle à voter le 12 de ce mois. Pour qui? Pour quoi? On ne le sait encore.

La délégation de Bordeaux a fait des siennes avant de quitter le pouvoir auquel elle se cramponne, comme trois naufragés après une planche. Un décret de Gambetta exclut de l'éligibilité tous ceux qui ont été, sous le régime impérial, ministres, sénateurs, députés ou conseillers d'État. Il la refuse même à ceux qui ont été patronnés comme candidats officiels, mais qui n'ont pas été nommés. C'est de la démence. Jamais pareil soufflet n'avait encore été donné au plus vulgaire bon sens. Il semble que toutes les dictatures soient emportées par le même esprit de vertige. Un jour arrive où elles sombrent dans la folie furieuse. *Quos vult perdere Jupiter, prius dementat.*

Un autre décret signé Crémieux et contresigné Gambetta, Glais-Bizoin et Fourichon, déclare déchus de leurs siéges et exclus de la magistrature quatre premiers présidents et une dizaine de conseillers, sous prétexte qu'ils ont fait partie de commissions mixtes en 1851. De plus en plus fort! On savait déjà le rôle que M. Crémieux jouait dans l'organisation de la défense nationale : il révoquait, révoquait, révoquait. Le pays, paraît-il, ne pouvait être sauvé qu'à ce prix. Tel substitut d'arrondissement était un obstacle au libre épanouissement des immortels principes, et la chancellerie le brisait comme verre. On trouvait toujours dans les bas-fonds du barreau un frère et ami dévoué qui prenait l'emploi. Un jour cependant les parquets ont manqué : tout le personnel, ou peu s'en faut, avait été successivement immolé aux défiances de la délégation. Mais l'habitude était devenue chez M. Crémieux si impérieuse, si tyrannique, qu'il a dû, pour y donner satisfaction, s'attaquer sans vergogne à l'inamovibilité, et c'est ainsi que nous voyons aujourd'hui le garde-des-sceaux, — cette suprême expression de la justice et de la légalité, — violant un principe consacré par vingt constitutions, se mettant au-dessus des lois pour assouvir je ne sais quelles vieilles rancunes, s'imaginant enfin que les magistrats frappés vont déférer sans murmure au caprice de Son Excellence israélite. C'est bouffon. En d'autres temps, de pareilles insanités auraient un véritable succès de gaîté. Mais hélas! nos lèvres ont désappris le rire, et s'il fallait hausser les épaules à chaque inconséquence des patriotes auxquels la République a malheureusement confié ses destinées, on aurait l'humérus promptement désarticulé.

7 février.

Quelques voitures d'ambulances prussiennes
se sont montrées à midi sur la Place.

Nous savons enfin pour qui nous votons, et
la comédie électorale commence aujourd'hui
ses répétitions. Le fond du théâtre s'émaille
de circulaires de toutes couleurs : il y en
a de rouges, de blanches, beaucoup même
de nuances incertaines. Sur le devant de la
scène, deux groupes récitent en strophes alter-
nées des professions de foi dont les décla-
rations peu catégoriques s'enveloppent de
nuages comme les dieux d'Homère. A droite,
MM. Delacroix, Vingtain, Lefèvre-Pontalis,
Gouvion-Saint-Cyr, Labiche et de Pontoi-Pontcarré personnifient le parti conservateur,
pacifique et sagement libéral. A gauche,
MM. Gatineau, Noël Parfait, Barthélemy, Morin,
Isambert et Bosselet représentent, dit-on, la
démocratie plus avancée. Des comparses vont
d'une coulisse à l'autre et animent le décor, un
médecin, par exemple, qui s'avance un tuyau
de drainage à la main et une plaque de cow-pox
en sautoir, plusieurs inconnus qui profitent de
l'occasion pour faire publiquement le pané-
gyrique de leurs vertus, quelques ambitieux
enfin qui posent des candidatures invraisem-

blables ou se font un devoir d'expliquer aux populations qui ne s'en soucient guère, les motifs de leur abstention.

On me soutenait ce soir que le Conseil municipal recommande la liste Gatineau, Morin, etc. Je n'en crois rien. Il se trouve dans son sein des hommes qui ont combattu jadis les candidatures officielles, et je ne leur ferai pas l'injure de les supposer assez inconséquents pour ressusciter au profit d'un parti des agissements qu'ils ont flétris sous un autre régime. D'ailleurs, — lors même que ce serait exact, — je me garderais encore de censurer le choix du Conseil. Plusieurs des candidats patronnés me paraissent trop parfaitement obscurs pour que la critique puisse s'exercer à leur égard. On ne discute pas le néant. Quel est le passé de ces gens? Quels sont leurs titres à la confiance du pays, leurs droits aux suffrages des électeurs? On ne s'en doute guère, et leurs circulaires, nébuleuses ou menaçantes, ne sont pas de nature à édifier sur ces points intéressants.

Le *Recueil* allemand continue son instructive publication. Cette feuille nous fait aujourd'hui la grâce de nous prévenir que nous devrons acquitter avant le 16 février le montant des contributions directes pour le mois de janvier. L'autorité prussienne veut bien remplacer les droits d'enregistrement et de régie par un impôt dont le montant est fixé à cent cinquante pour cent de la somme des contributions directes. Les moyens d'exécution sont charmants. Indépendamment d'un intérêt de cinq pour cent par jour de retard, « si le versement a été retardé au-delà de huit jours, il sera mis des troupes dans les communes retardataires qui auront l'obligation de les loger et de payer, en outre, journellement six francs à chaque officier et deux francs à chaque soldat, jusqu'à ce que les sommes dues soient acquittées. Le commandant des troupes sera autorisé à employer vis-à-vis des communes retardataires tous les moyens qu'il jugera convenables pour faire exécuter les arrêtés du gouvernement général (art. 6 du décret.) » La fiscalité prussienne se révèle dans les moindres détails. Ainsi des officiers vont se faire garnisaires et n'auront pas honte de toucher six francs comme le dernier des recors! Pourquoi pas, après tout? Des colonels se sont bien faits valets de ferme ou garçons de café pour nous espionner à l'aise, comme d'infimes policiers. Quant « à tous les moyens que le commandant jugera *convenables* » pour contraindre les contribuables, on sait que dans un langage moins administratif cela veut dire pillage. Je ne doute pas d'ailleurs du soin tout particulier qui sera apporté, s'il y a lieu, à cette exécution. Les Allemands s'y connaissent. Ils ont en pareille matière une expérience et des traditions très-rassurantes pour les financiers qui leur confieront le recouvrement de l'impôt.

8 février.

Deux graves événements. L'armée de l'Est, cernée par Werder et Manteuffel, a dû se réfugier en Suisse. Bourbaki n'a pas voulu survivre au désastre et a tenté de se donner la mort. C'est lamentable. La fortune de la guerre nous accablera donc jusqu'au bout de ses rigueurs ? L'autre nouvelle est moins affligeante. Gambetta, ne se trouvant plus « en communion de sentiments et d'espérances avec le gouvernement de Paris, » a donné hier sa démission. Enfin ! Nous voici au terme de cette présomptueuse dictature qui, après six mois de bruit, d'agitation, d'accusations incohérentes, de dépenses effrénées, de proclamations tapageuses, ne laisse derrière elle qu'un amas de ruines. Une expérience est faite, et elle nous coûte assez cher pour que nous ne l'oubliions jamais. Nous savons maintenant à n'en plus douter ce qu'il y a au fond de ces idées creuses et de ces mots sonores qui constituent depuis quatre-vingts ans le bagage de la Révolution. Nous savons ce qu'on peut attendre de levées en masse orga-

nisées par un ministre aussi novice que ses
armées. Nous savons ce que valent ces millions
de vólontaires se ruant sur l'étranger au chant
de la *Marseillaise,* ces populations se soulevant
partout sur son passage et chassant à coups de
bâtons ses légions aguerries, ces gardes nationaux jurant à deux cents lieues de l'ennemi de
vaincre ou de mourir, ces municipalités voilant
d'un crêpe les couleurs du pays, ces préfets
promettant solennellement de s'ensevelir sous
les ruines de leurs chefs-lieux tout en faisant
leurs malles, etc. Chimères que tout cela! On
ne triomphe pas des Prussiens avec des for-
mules et des rengaînes. [13] Jamais, dans les conditions actuelles de la guerre, une phrase,
fût-elle d'or, ne vaudra un canon d'acier.
Nous avons été perdus sans retour le jour
où un avocat, téméraire autant que naïf, a
volontairement assumé l'écrasante responsabilité de nos destins, en s'imaginant que le
cliquetis de ses périodes couvrirait le tonnerre
de l'artillerie prussienne. On ne copie pas, en
effet, l'élan patriotique d'une autre époque,
comme un gilet sur un patron. Les miracles ne
se refont guère, et le premier venu, fût-il tombé
d'un ballon, ne s'improvise pas impunément
Carnot, quand il n'a ni science militaire ni
génie d'organisation. La foi républicaine n'est
pas le talent, quoi qu'en pense toute une école.

Elle ne saurait même tenir lieu de sens commun, et nous en avons la plus éclatante des preuves dans les faits et gestes de cet échappé du barreau qui n'a rien trouvé de mieux pour clore son triste proconsulat que le décret des incompatibilités électorales. Pipe-en-Bois dictateur n'eût pas autrement fini.

9 février.

M. Camille Winter, toujours soucieux des intérêts du département, lui impose aujourd'hui une modeste contribution de dix millions. Les considérants de l'arrêté sont touchés de main de maître. Le préfet se fonde sur ce que les troupes allemandes ayant toujours payé « très-exactement » le produit des réquisitions, les habitants « n'ont point participé jusqu'à présent aux charges de la guerre. » Ah ça! qui trompe-t-on ici et pour qui joue-t-on cette comédie ridicule? Un voleur fait-il jamais tant de façons pour vous demander au coin d'un bois votre bourse ou votre montre? J'aimerais mieux une bonne exaction bien crue, bien cynique, que ces simagrées administratives. La franchise brutale me répugne moins que l'hypocrisie doucereuse.

La lutte électorale s'accentue. *L'Écho dunois*

de ce jour décoche un trait mortel à l'adresse de M. Labiche. Un numéro spécial rappelle en quatre lignes que les lenteurs du préfet ont arrêté la distribution des cent mille francs promis par le décret du 20 octobre aux incendiés de Châteaudun et celle d'une somme de quatorze mille francs généreusement souscrite par les habitants du Mans. Le reproche est-il fondé? Je ne sais. Toujours est-il que la candidature me paraît tuée du coup.

Les candidats s'offrent à la curiosité des électeurs. C'était ce soir le tour de M. Gatineau. Dans une conférence à la salle de l'Enseignement mutuel, l'orateur a rappelé en quelques mots émus, au milieu des sujets sociaux qu'il effleurait, les privations et les souffrances du siége de Paris. Ses joues vermeilles n'en ont point pâti cependant, et personne ne s'est aperçu à l'œil nu qu'un usage immodéré du chat ait débilité sa florissante complexion.

10 février.

Il semble que les éléments conspirent contre l'élection de ce jour. La pluie tombe à torrents, le vent souffle furieux et glacial, les rues et les routes sont impraticables sous la couche de boue liquide qui les fait miroiter comme des fleuves. Jamais, en revanche, le ciel n'a semblé plus propice à ceux qui ont imaginé le vote au canton dans le but évident d'assurer la prépondérance aux électeurs des villes. Heureusement les paysans ont flairé le piége, et, justement soucieux d'exercer leurs droits dans une circonstance aussi solennelle, ils ont bravé vents et marées pour venir déposer dans l'urne ces petits carrés de papier qui portent dans leurs plis, comme la toge du consul antique, la paix ou la guerre.

12 février.

Joli temps, froid encore, mais illuminé d'un rayon de soleil. Beaucoup de monde dehors. On ne craint plus de dépasser les limites étroites de la ville. Ces familles endimanchées me font songer aux bourgeois de *Faust* et à leur promenade hors des murs, après les longues semaines obscures et glaciales de l'hiver. « Avec quel empressement chacun se met aujourd'hui au soleil ! » exclame le docteur, « ils fêtent leur résurrection. Échappés aux sombres appartements de leurs maisons basses, aux liens de leurs métiers et de leurs commerces, aux toits et aux plafonds qui les écrasent, tous ils renaissent à la lumière. » Nous aussi, nous célébrons notre résurrection, mais la tombe où les Allemands nous avaient ensevelis était plus froide et plus noire que celle d'où s'échappaient en chœurs joyeux les bourgeois du drame. La réalité avait singulièrement distancé les conceptions de la fantaisie.

13 février.

Les choix des électeurs nous sont à peu près connus. Le vote de Châteaudun s'est noyé dans le résultat général, qui lui est en partie contraire. Une imposante majorité est dès aujourd'hui acquise à MM. Delacroix, Vingtain, Lefèvre-Pontalis, Gouvion Saint-Cyr, de Pontoi-Pontcarré et Noël Parfait.

Les préoccupations politiques s'effacent un peu devant une nouvelle désagréable. On signale tout à coup dans l'après-midi l'arrivée prochaine d'un corps prussien que la rumeur publique porte à dix mille hommes. A cinq heures, en effet, trente chasseurs à pied et une cinquantaine de cavaliers se montrent sur la Place et s'annoncent comme l'avant-garde de régiments qui passeront demain. Malgré l'armistice et les espérances pacifiques, on est toujours péniblement impressionné à la vue de ces sombres uniformes et au bruit de ce rude idiôme. Il semble qu'au lieu de s'atténuer par l'habitude le dégoût aille grandissant.

14 février.

Dès huit heures, des hommes et des chevaux s'agitent dans le brouillard. Une compagnie d'infanterie stationne sur la Place. Sept mille hommes sont annoncés pour midi. Les officiers chargés des logements n'ont pas accepté les billets préparés par la Mairie et tracent toute la matinée sur les portes leurs hiéroglyphes accoutumés. Un sergent visite ma maison et inscrit un logement pour un officier et une *abtheilung* ou section de compagnie. Ce dernier mot est d'une élasticité inquiétante, puisqu'il comporte un nombre qui varie entre douze et vingt-cinq hommes. Heureux sommes-nous pourtant, car ailleurs, et particulièrement sur la Place, on loge jusqu'à cinquante, soixante et même cent hommes dans des maisons fort exiguës. Un avis de la Mairie informe en même temps les habitants qu'ils seront tenus de nourrir les soldats allemands. Souriante perspective pour une foule de gens qui avaient à peine de quoi dîner et qui se trouvent ainsi dans la nécessité de partager leur maigre pitance avec une trentaine de parasites !

A deux heures, le torrent fait irruption. Le 59ᵉ régiment d'infanterie défile sur la Place, musique en tête, et s'engouffre dans le quartier de la Madeleine. La rue Royale se hérisse soudain d'une forêt de baïonnettes et de paratonnerres. En un clin d'œil les maisons sont envahies et les hommes casés. Vingt Polonais de la province de Posen, deux sous-officiers et un jeune lieutenant en second, tel est le contingent qui m'est dévolu. Gens tranquilles, du reste : cantonnés dans la pièce qui leur est assignée, ils n'en sortent pas de tout le jour, fourbissant leurs armes, faisant de petites lessives, fumant des pipes sans nombre et se rôtissant devant un feu royal en attendant le dîner dont ils m'ont apporté les principaux éléments. Les heures me semblent pourtant couler avec une lenteur mortelle. On ne sait jamais, en effet, quel caprice peut surgir tout à coup dans la cervelle de ces hommes pointus. On a constamment l'œil en éveil, l'oreille tendue, l'esprit sur la défensive. On ne perd pas de vue surtout la porte de sa cave, et cent fois on tâte ses poches pour vérifier si les clefs de ses armoires s'y trouvent soigneusement serrées.

Mes hôtes ne croient pas encore à l'éventualité d'une paix prochaine, et la perspective d'une lutte prolongée leur trouble l'imagination. Les sous-officiers surtout jettent feu et flamme contre Gambetta qu'ils prennent pour un général, comme le Pirée pour un homme, et je réussis très-difficilement à les convaincre que le bouillant ministre n'a jamais revêtu d'autre uniforme que la robe et coiffé d'autre casque que la toque.

15 février.

La nuit a été d'une tranquillité invraisemblable. Pas un cri, pas un mouvement n'a trahi la présence du millier d'hommes qui occupaient la rue. A sept heures, mes vingt-trois locataires prennent leur café et s'équipent rapidement. Les compagnies se reforment dans la rue qu'elles remplissent de leurs longues files. Au départ, toutes les mains cherchent la mienne. Le ragoût de la veille a fait oublier les antipathies nationales. Mais j'ai prévu le cas, et une retraite habilement opérée soustrait mon épiderme au contact de ces Polonais trop expansifs.

Une demi-heure après, les troupes quittent la ville et prennent la route de Blois. La musique joue ses airs les plus folâtres. Rien n'est douloureux pour nous comme cette bruyante expression du triomphe et de ses joies insolentes. Un poste reste toutefois à l'Hôtel-de-Ville. Cela nous présage une nouvelle invasion. Effectivement on signale l'arrivée d'un dernier bataillon du 59e. Cette fois les officiers acceptent les billets de logement de la municipalité. La matinée se passe à voir partir les uns et à attendre moins gaiement les autres. A une heure, six cents hommes font leur entrée sur la Place, au son pastoral et profondément ridicule des fifres et des tambourins. Les compagnies se forment en carré. Quelques commandements déchirent l'air comme les cris stridents d'oiseaux de proie, quelques mouvements s'opèrent, puis, sans bruit et dans un ordre parfait, la Place se vide et les pelotons gagnent les quartiers qui leur sont assignés. Le mien est préservé cette fois de l'inondation.

Soixante voitures se rangent en même temps sur la Place. Quelles figures patibulaires que celles de leurs conducteurs! C'est la révélation d'une race disparue. En voyant ces hommes au nez camard, aux yeux enfoncés sous des sourcils velus, à la barbe inculte, squalide, hérissée, on songe involontairement aux Cimbres et aux Teutons, leurs aïeux. Le rapprochement est classique, banal, usé, tant qu'on voudra, il n'en est pas moins d'une frappante exactitude. Les Germains d'aujourd'hui sont les mêmes brutes qui se ruaient, il y a deux mille ans, sur la civilisation romaine. Des instincts identiques se lisent sur ces faces bestiales et empourprées. Ce qui complète la similitude, ce sont les voitures basses et couvertes de toile dans l'ombre desquelles se détachent les rudes physionomies des chenapans qui les conduisent. On ne se figure pas autrement l'émigration d'une tribu barbare.

Les conversations roulent exclusivement sur la conduite des soldats hébergés hier. Elle n'a pas différé sensiblement de ce qu'elle est d'ordinaire. L'armistice ne l'a point modifiée. Des caves forcées et pillées, des basses-cours dépeuplées, des armoires ouvertes à l'aide de fausses clefs ou brutalement crochetées, du linge et de l'argent volés, de pauvres gens violentés ou menacés par les soldats dont ils ne peuvent satisfaire la gloutonnerie, des officiers qui font fouiller les caves pour y trouver du Champagne, en un mot le bilan habituel de ces journées dont le souvenir seul donne des nausées. A Saint-Jean, des soldats ont poursuivi un vieillard, la hache à la main. A la ferme de Saint-Martin, ils ont enlevé une centaine de poulets. Chez le président du tribunal, ils ont découvert des cachettes et bu soixante bouteilles de vin du Cap. Jamais soudards n'ont été plus divinement abreuvés : ce nectar eût délecté le gosier d'un grand-duc. Sur la plainte de M. M..., un caporal a mis un terme au pillage, mais il a réclamé une douzaine de bouteilles comme prix de son intervention : si bien qu'il est resté trois bouteilles aux mains du propriétaire. Quant au surplus du vin du Cap, *caput*.

16 février.

Départ à sept heures et demie du bataillon prussien. Charmante journée quasi printanière. Je humais l'air tiède et embaumé par les premiers bourgeons, quand, à un tournant de la route de Chartres, se dresse, comme le spectre de Banquo, un cavalier allemand. Renseignement pris au retour, l'homme a signalé un convoi. A cinq heures, long défilé de voitures que leurs ignobles conducteurs dirigent vers le Quartier. On parle vaguement de trois mille hommes qui arriveraient demain.

17 février.

En viendra-t-il? N'en viendra-t-il pas? *That is the question.* Chacun se l'adresse avec une certaine anxiété jusqu'à ce que des renseignements précis établissent que les trois mille hommes partis ce matin de Meslay-le-Vidame ont pris la route de Brou. Il ne se montre que quatre cavaliers venant de Cloyes et qu'on engage obligeamment à aller coucher à Bonneval.

14.

22 février.

Une demi-douzaine d'officiers prussiens qui séjournent à Brou sont venus déjeuner ce matin à l'hôtel du Bon-Laboureur. Un fait extraordinaire a signalé leur présence. En arrivant, ils ont déposé à la mairie trois thalers pour les incendiés. C'est bien ; mais je proposerais volontiers à la municipalité de faire encadrer ces thalers avec inscription commémorative. Un trait de générosité à l'actif des Allemands est un phénomène si curieux en ce pays qu'un monument ne serait pas de trop pour en perpétuer le souvenir.

Point d'autres journaux que le *Recueil* allemand. La partie financière joue un rôle considérable dans la rédaction de cette feuille nauséabonde. Aujourd'hui, M. le préfet Winter veut bien informer les populations qu'elles auront à lui payer quatre cent mille francs, répartis proportionnellement sur les divers cantons du département. La part afférente au canton de Châteaudun s'élève à trente-sept mille cinq cents francs, exigibles aujourd'hui même. Comme on le voit, il ne s'agit plus de dix millions. Ce chiffre insensé est tombé subitement à quatre cent mille francs, ce qui est encore un assez joli denier.

26 février.

Je dessinais quelques maisons écroulées de la
rue de Chartres, quand, vers deux heures, un
officier allemand me jette du haut de son phaé-
ton ce mot prestigieux : *La paix est faite*. La
nouvelle, ajoute-t-il, a été transmise ce matin
même à Vendôme, d'où il arrive. Quant aux
conditions, on ne les connaît pas encore. —
Tout est là cependant.

Un peu plus tard, un convoi de cinquante voitures traverse la ville. De copieuses libations
ont égayé les conducteurs qui ont décoré
de feuillage leurs lourds véhicules. Le chef de
l'escorte, aussi ému que ses hommes, annonce
également à qui veut l'entendre la ratification
des préliminaires de la paix.

Un photographe a commencé aujourd'hui
la reproduction du quartier incendié. Il n'est
que temps, du reste, de saisir dans la chambre
noire ou d'un trait de crayon, comme je le
fais depuis huit jours, ces ruines qui demeu-
reront historiques. Chaque jour en emporte
un morceau. Les rues sont à peu près dé-
blayées, les murs qui surplombaient tombent
sous les coups des démolisseurs, les poutres
noircies et la ferraille contournée qui s'enche-
vêtraient dans un pittoresque désordre, se

rangent peu à peu en tas parfaitement symétriques. Quelques maisons sont même en voie de reconstruction. Le quartier brûlé de longtemps hélas! ne renaîtra de ses cendres. Mais les traces de la dévastation s'effaceront plus promptement qu'on n'osait l'espérer, et dans quelques mois la physionomie de ces rues nettoyées et de ces maisons à demi rebâties aura perdu toute couleur.

27 février.

La nouvelle de la paix est confirmée. Le *Recueil administratif* nous en apprend les conditions. C'est écrasant, et je serais tenté d'excuser ceux qui rêvaient la guerre à outrance, si ce n'était précisément leur folle présomption qui nous a fait passer sous de pareilles fourches caudines. Triste et déplorable résultat après six mois d'une lutte qui a fait couler tant de sang et accumulé tant de ruines!

3 mars.

Un beau clair de lune illuminait ce soir les rues incendiées. C'est un spectacle qui a son caractère et sa poésie, si vulgaires que fussent les édifices ravagés. La rue de Chartres surtout et le carrefour du Grand-Monarque offrent les plus étranges aspects. Tandis que la lune frappe en plein toute une file de maisons, glissant sur la surface des blanches murailles et accrochant de vives lueurs aux aspérités des éboulis, l'autre file dresse, sombre et menaçante, ses façades éventrées, ses pignons aigus, ses noires cheminées qui, rapprochées dans l'obscurité, simulent des tours ou des bastions ébréchés. Les pâles rayons filtrent par les fenêtres où se cramponnent encore en grimaçant quelques ferrures calcinées, et découpent nettement sur le pavé les silhouettes de ces demeures que la vie a quittées. Sous ce mystérieux éclairage, les ruines prennent une singulière beauté. Tout ce qu'elles ont de banal au grand jour se fond dans une sévère harmonie et se dramatise aux yeux du promeneur qui oublie les détails mesquins de la réalité. Tel logis isolé, avec ses fenêtres régulières, ses portes cintrées, ses pilastres toscans, affecte la tranquille majesté d'un palazzino de Vignole ou de Bramante. Au pied de ces murs dont les capricieuses lézardes laissent transparaître les étoiles, on peut donner carrière à sa fantaisie sans craindre de voir surgir comme un trouble-fête les mots affreux qui émaillent la devanture : *Toiles, cotons, sacs et bâches,* avec le nom de l'industriel en lettres dorées. J'en dirai autant du Grand-Monarque. Le feu a transfiguré la vieille hôtellerie. Quand on a franchi la porte voûtée dont les battants ne sont plus accusés que par deux débris carbonisés et vacillant à tous les vents, on se trouve dans une vaste salle à ciel ouvert où la lumière se joue fantastiquement par vingt fenêtres disloquées. C'est un saisissant décor qui semble emprunté à quelque *burg* du Rhin. Qui se douterait aujourd'hui que l'édifice a recélé toute une légion de marmitons et de commis-voyageurs? Ailleurs, de grandes trouées s'ouvrent triomphalement, et leurs arceaux déchiquetés en festons encadrent un chaos de pylônes, d'aiguilles, de lambeaux croulants qui hérissent une avalanche de pierres. Parfois aussi l'incendie et les déblais ont donné à de chétives maisons une tournure antique. Certains rez-de-chaussée, avec leurs pans de mur symétriquement espacés, leurs parois badigeonnées de brun, leur crépi dont les éraflures laissent apercevoir des briques rougeâtres, leur jardinet méthodiquement planté, transportent l'imagination à Pompeï. Il ne faut que s'abstraire de l'entourage pour se croire dans un coin de la villa de Diomède. Les ruines de la rue d'Orléans ont peut-être moins d'accent. La plupart des façades sont déjà tombées ; mais quel fouillis

de massifs informes, de murs où se suspendent
encore de noires solives, de fenêtres s'ouvrant
comme des bouches béantes, de plans super-
posés auxquels les ténèbres donnent une redou-
table profondeur ! Aucun bruit ne trouble plus
le repos de ces rues évidées comme des sque-
lettes. A peine fait-on lever çà et là quelque
chat famélique qui revient par habitude au logis
d'autrefois. Morne silence qui ajoute un élément
de plus à l'attrait bizarre de cette promenade
mélancolique, mais captivante pour ceux qui
ont été témoins du désastre et qui en évoquent
à chaque pas le tragique souvenir !

6 mars.

On ne songeait plus guère aux Prussiens,
quand à midi cinq cavaliers débouchent sur la
Place et annoncent à la mairie l'arrivée d'un
régiment d'artillerie et de dix-huit cent quarante-
six chevaux pour demain. Plus tard, une quarantaine d'autres cavaliers surviennent, et après
une courte station vont s'établir au Quartier
ou dans quelques maisons indiquées par la
municipalité. Nous voici avec une agréable
journée en perspective, deux même, car on a
parlé d'un séjour. Si quelque chose peut nous
mettre un peu de baume au cœur, c'est que

cette fois les Allemands voyagent pour le bon motif.

7 mars.

L'artillerie signalée arrive dès neuf heures. Elle fait partie du IXe corps d'armée, commandé par le général Manstein, et vient du Mans par Montoire et Pezou. Sept pièces de canon, des caissons et des voitures s'alignent sur la Place. Vingt-trois autres pièces vont se ranger dans la cour du Quartier. Des fourriers font en même temps les logements pour les officiers. L'un d'eux se présente chez moi, visite la chambre d'ennemi, et demande fort poliment la permission d'inscrire le nom d'un officier sur la porte. Comme ce nom n'est pas très-lisible, j'interroge le fourrier sur le grade de l'hôte qu'il me destine :

— « *Priester,* » me répond-il.

Le mot dont il crache une syllabe et mange l'autre, ne me dit rien encore.

— « Enfin, » ajoute le sous-officier, « ce que vous appelez un curé. »

Douce surprise ! Au lieu d'un soudard aviné, il me tombe du ciel un homme d'église. Une demi-heure, en effet, ne s'était pas écoulée, qu'un aumônier, monté sur un grand cheval et suivi d'une vaste calèche qui contient ses bagages, se présente à ma porte. Dès les premiers mots, il fait preuve d'une parfaite urbanité et je n'ai qu'à me féliciter du hasard qui l'a envoyé chez moi.

Point d'incidents à noter. Heureuses d'ailleurs les journées, comme les nations, qui n'ont pas d'histoire ! Quinze cents hommes, à raison de quatre par maison, sont logés dans le quartier de la Madeleine, au Val-Saint-Aignan et à Saint-Jean. Les habitants cette fois ne sont pas astreints à les nourrir : il n'y a plus ainsi de prétexte à ces querelles d'Allemands que chaque passage ramène invariablement. Sur la Place, des soldats, armés de brosses et de pots de couleurs, repeignent d'un bleu criard les trains des caissons et les affûts des pièces. On fait dès aujourd'hui à ces laids engins la toilette du retour.

M. Ed. Lekebusch, notre hôte, a dîné avec nous. C'est décidément un homme fort séduisant. Il a d'excellentes manières, une politesse raffinée et des connaissances très-diverses. Ses traits n'ont rien de tudesque et nous oublions promptement que nous avons à notre table un ennemi de notre pays. L'Italie, qu'il a longtemps habitée, alors qu'il était chapelain de l'ambassade de Prusse à Naples, nous sert de trait-d'union. Pestum est à coup sûr un sujet moins

irritant que Metz et Strasbourg, et la catastrophe
de Pompeï nous laisse tous deux plus indifférents que celle de Châteaudun. Néanmoins
une pente irrésistible nous ramène aux misères
de l'heure présente. Vingt fois nous quittons les
rivages de Sorrente pour les champs de bataille
de la Lorraine et de la Loire ; vingt fois nous
laissons les villes mortes de l'antiquité pour
remuer la cendre encore tiède des ruines que la
guerre a semées autour de nous. Mon interlocuteur est éclairé, sincère, exempt de préjugés,
subtil observateur ; mais le patriotisme égare
parfois son jugement et fausse même sa con-
science. Sans avoir l'air d'y toucher, j'effleurais
incidemment et comme par l'effet de ces hasards
que la conversation fait naître, toutes les horreurs dont les Allemands nous ont donné le
spectacle, les maisons incendiées, l'hospice
bombardé, les vieillards assassinés, les familles
brûlées dans leurs caves, le pillage éhonté, etc.

— « Mais ce n'est que rigoureusement con-
forme aux lois de la guerre, » me dit l'aumônier
avec une tranquille férocité qui me confond.
« Les habitants se sont mêlés à la lutte et on a
tiré des fenêtres. Dès qu'une maison se transforme ainsi en une forteresse, elle se soumet
par cela même aux cruelles éventualités de la
guerre. On la bombarde d'abord, on la brûle
ensuite. C'est une répression qui ne choque

nullement les principes, au contraire. Les particuliers, en effet, qui prennent part aux hostilités, se mettent, eux et leurs biens, en dehors
des lois qui réglementent les rapports des bel-
ligérants. Sans doute, il se commet de regrettables erreurs et l'incendie gagne des maisons
dont les habitants sont restés étrangers au
combat. Des femmes, des vieillards, me dites-
vous, ont ainsi péri dans les flammes. Mais
n'est-ce pas le sort commun en ce bas-monde
et n'arrive-t-il pas trop souvent qu'en vertu
de décrets providentiels dont la portée nous
échappe, l'innocent paie pour le coupable?

Qu'objecter à un homme qui fait intervenir la
Providence dans la justification des plus sauvages représailles?

L'aumônier avait fait la campagne de Metz.
L'accusation de trahison lancée contre Bazaine
le faisait bondir.

— « Non, » s'écriait-il impétueusement,
« non, Bazaine n'a pas trahi, et c'est pitié de
voir incriminer la conduite de ce grand homme
de guerre par le petit avocat dont le 4 septembre
a fait votre dictateur. Bazaine a fait tout ce qu'il
lui était humainement possible de faire. Que lui
reprochez-vous donc? De n'être pas sorti de
Metz? Mais oubliez-vous les batailles de Borny,
de Saint-Privat, celle de Gravelotte, la plus
sanglante de toute la campagne. Et puis, veuillez

remarquer que, si vous élevez un tel grief contre Bazaine, vous devez, pour être conséquent, l'élever à bien plus forte raison contre Trochu et Vinoy dont personne cependant ne suspecte la droiture. Bazaine n'avait que deux routes pour s'échapper de Metz, et nous les gardions avec une artillerie formidable qui eût paralysé toute tentative d'évasion. Trochu et Vinoy, au contraire, avaient, pour sortir de Paris, le choix entre douze ou quinze routes. Ils ne l'ont pas fait cependant, ou, du moins, ils ne l'ont pas essayé avec cette énergie du désespoir qui a manqué, selon vous, au maréchal. Non, Bazaine n'est pas un traître, il a voulu conserver son armée et il ne serait pas un bon général s'il avait agi autrement.

— « Vous m'accorderez, au moins, que si par une distribution plus prévoyante des vivres il avait pu tenir quelques semaines de plus, l'immobilisation des forces du prince Frédéric-Charles eût été pour nous une chance de salut.

— « Il faut s'entendre. Bazaine a tenu jusqu'au complet épuisement de ses ressources : ses soldats mouraient littéralement de faim quand nous sommes entrés. Mais il est certain aussi que, si le gouvernement impérial eût, dès le début de la guerre, prévu l'hypothèse d'un siége et largement approvisionné la place, votre armée eût résisté plus longtemps aux atteintes de la famine, et alors notre situation militaire eût été très-compromise. Nous pouvons aujourd'hui l'avouer sans inconvénient : après la bataille de Coulmiers, nous avons éprouvé les plus graves inquiétudes. Le prince Friedrich-Karl était encore à douze jours de marche. Si d'Aurelle avait osé ou pu marcher immédiatement sur Paris, il eût opéré immanquablement sa jonction avec Trochu. L'armée d'investissement, qui ne comptait pas plus de deux cent mille hommes, n'était pas en mesure de résister efficacement à deux attaques combinées. Les conséquences de cette opération vous eussent probablement ramené la fortune. Douze ou quinze jours de retard suffisent souvent pour changer le sort d'une guerre. Qu'il est heureux pour nous, par exemple, que l'armée française n'ait pas été sur pied au lendemain de la déclaration de guerre et qu'elle ait perdu en préparatifs la fin de juillet! Ces délais ont obligé l'empereur Napoléon à modifier complètement ses plans. Si votre armée s'était jetée tout de suite sur les États du Sud, anéantissant leur matériel, coupant leurs ponts et leurs chemins de fer, empêchant la concentration de leurs forces et les isolant de la Confédération du Nord, elle eût mis bien des chances de son côté. J'imagine que le résultat final eût été le même. Grâce à notre organisation militaire, nous vous eussions rejetés de l'autre côté du Rhin ; mais, chacun rentré chez soi, la guerre eût été probablement terminée et l'agression punie par une simple indemnité pécuniaire.

— « Indemnité dont il eût été plus politique de vous contenter à la suite des désastres qui nous ont frappés. La Lorraine et l'Alsace, que vous prétendez vous annexer sans leur assentiment, restent françaises de cœur et détestent le joug que vous leur imposez. Ne craignez-vous pas qu'elles deviennent pour vous une autre Pologne ?

— « Non. Je sais que ces provinces ne nous aiment pas du tout. Aussi la Prusse ne les consultera pas. Elle prévoit trop quel serait le résultat d'un vote. C'est un joli instrument qu'un plébiscite ; mais vous savez vous-même qu'on n'en joue que lorsqu'on est parfaitement sûr de la note qu'il donnera. Pour le moment, donc, on se bornera à ménager ces nouvelles provinces. On leur fera oublier, à force de soins et d'égards, les misères de la guerre, et après dix ans de ce régime elles seront allemandes comme Bade ou le Würtemberg. Savez-vous, d'ailleurs, pourquoi M. de Bismark a été inflexible sur la question de territoire ? Demandez-le à vos journaux. Ils ont répété sur tous les tons, — et avec quelle outrecuidance ! — que la paix ne serait qu'une courte trève, que la France allait se recueillir, qu'elle aurait son heure de vengeance, et que les représailles seraient effroyables. L'Allemagne avertie a pris ses précautions et a voulu, en gardant les défilés des Vosges, empêcher tout retour agressif de votre part.

— « Eh oui! avec les conditions que vous nous imposez, nous rêvons tous une revanche, mais à longue échéance, ne vous y trompez pas, et seulement quand les circonstances extérieures nous seront propices. L'avenir vous réserve peut-être bien des surprises. Qui sait si l'Alsace et la Lorraine ne nous reviendront pas comme Venise à l'Italie? Mais, quelles que soient aujourd'hui nos secrètes aspirations, soyez convaincu que le plébiscite du mois de mai était un vote de paix, que personne ne songeait à cette agression dont vous vous plaignez, et que la guerre n'est devenue populaire qu'à l'aide d'excitations factices et de mensonges officiels qui nous ont fait croire à un succès certain.

— « Effectivement, vos ministres d'alors ont été d'une impardonnable légèreté. Comprend-on Ollivier, ce ministre de paix, poussant la déclaration de guerre sous la plume du pauvre Napoléon qui hésitait à la signer? Du reste, vous ne devez pas incriminer seulement l'impéritie de votre gouvernement : accusez aussi votre constitution militaire. Ce qui fait notre force, c'est que chez nous le soldat, outre un profond sentiment du devoir, a le respect imviolable de la hiérarchie. Chez vous, au contraire, le soldat raisonne, critique, discute les ordres de ses chefs au lieu d'obéir aveuglément. Et puis, il forme une classe à part. Le bourgeois ne le regarde pas comme son égal, et. le militaire, de son côté, traite le bourgeois avec des airs de supériorité qui froissent celui-ci. Pour ménager toutes ces susceptibilités, comme aussi pour éviter quelques charges aux populations, on ne loge pas les troupes chez l'habitant. On préfère les laisser exposées aux rigueurs de la saison. C'est inhumain. En Allemagne, il en est différemment. Tout le monde est soldat. Bourgeois et militaires, c'est tout un. Point de distinction ni d'esprit de caste : c'est la nation tout entière qui est sous les armes. Chacun voit un frère dans le premier soldat venu, puisqu'il l'est lui-même. Il y a là un élément de puissance et de cohésion qui fait de notre pays, uni dans une même pensée patriotique, un tout parfaitement homogène. Aussi l'avenir est à nous. Tout ce qui est Allemand subira tôt ou tard une irrésistible attraction vers l'empire que nous reconstituons. L'Autriche, quoi qu'elle fasse, ne saurait s'y soustraire. Elle obéira fatalement à la loi commune. Son dualisme n'est pas né viable. Un jour donc, nous aurons un

pied à Trieste et l'autre peut-être à Amster-
dam. Qui peut dire alors où s'arrêteront les
destinées de cet empire sans précédent?.....

L'ambitieux pasteur s'absorbait dans ses
rêves de pangermanisme, quand le tintement
de la pendule le rappelle au sentiment de la
réalité. Il était temps. L'Europe entière allait
passer sous le sceptre de la Prusse, et l'aigle
noir des Brandebourg ouvrait déjà son bec
crochu pour avaler d'un trait les races latines.

8 mars.

Les troupes font séjour. L'aumônier a par-
tagé nos repas et s'est montré, comme hier,
aimable et spirituel causeur. C'est plaisir, du
reste, de le voir s'acquitter de son rôle de
convive. Il savoure chaque plat en connaisseur
émérite et fait l'éloge des sauces avec une si
parfaite bonne grâce qu'on ne songe même pas
à l'incriminer du péché mignon de gourman-
dise. Ce qui le ravit surtout, c'est de manier
des couverts d'or et d'argent. Pareille fortune
ne lui était presque jamais arrivée depuis
Metz. Je me suis abstenu de lui révéler que
l'argent n'était autre que du ruolz, et l'or je
ne sais quel vulgaire métal ingénieusement
bruni.

15.

9 mars.

Les troupes se réunissent à huit heures sur la Place et prennent la direction d'Orgères où elles doivent passer la nuit. Une partie du 9e corps d'armée défile en même temps rue d'Orléans. A onze heures, plusieurs bataillons du 85e régiment d'infanterie (Holstein) se montrent sur la Place. Les billets de logement sont aussitôt distribués, et il m'échoit cette fois deux lourdauds du plus beau roux. Dans la soirée enfin, survient une avant-garde qui annonce pour demain le passage de quinze cents hommes.

10 mars.

A six heures et demie, les sections de compagnie se reforment méthodiquement dans les rues et s'acheminent vers la Place où les troupes se massent. Le mouvement s'opère comme toujours avec une précision automatique. Les officiers arrivent à cheval et passent entre les lignes, tandis que les sous-officiers comptent les hommes et distribuent par-ci par-là quelques taloches. Bientôt les capitaines jettent ces notes gutturales qui tiennent lieu de commandements. Au son des tambours et des fifres, le régiment se met en marche et s'enfonce dans la rue d'Orléans.

Une heure après, des troupes venant de Cloyes ou de Pezou traversent la ville par la rue de Bel-Air, musique en tête. Il y a d'abord un bataillon de chasseurs qui ont couronné leurs shakos de feuillage et qui passent en chantant des *lieder* nationaux, puis un dernier bataillon du 85ᵉ régiment d'infanterie, et le 36ᵉ (Magdebourg) tout entier. La tenue de ces troupes nous frappe plus que jamais. Leur marche est lourde, mais d'une régularité qu'on ne saurait trouver en défaut. Tous les pieds se lèvent simultanément comme sous l'impulsion d'un ressort, tous les bras se meuvent dans un invariable rayon, chaque homme imprime à ses larges épaules une sorte de roulis qui donne à la troupe entière, hérissée d'étincelantes baïonnettes, je ne sais quelle tournure irrésistible et martiale. Si l'audace et la valeur personnelle de pareils soldats étaient à la hauteur de l'ordre et de la discipline qui les régissent, ce seraient les premiers du monde.

Tandis que ces bataillons continuent leur marche vers Orgères, jetant au passage un regard curieux et satisfait sur les traces de l'incendie, douze cents hommes environ, faisant partie du 84ᵉ d'infanterie, débouchent sur la

Place. Au cri de *halt*, ils demeurent comme pétrifiés. L'arrêt est exécuté avec un ensemble si merveilleux qu'il arrache aux spectateurs un murmure d'admiration. Les compagnies se divisent ensuite et se dispersent dans la direction de leurs logements respectifs.

La fin du jour nous ménage une surprise agréable. Pour la première fois depuis cinq mois, la fumée d'une locomotive se déroule le long de cette rampe où nous avons vu tant de fois se profiler la silhouette des uhlans. C'est un train qui porte des employés à Bonneval pour rétablir le télégraphe. Un service régulier recommencera, dit-on, le 15.

11 mars.

L'infanterie allemande prend à huit heures la route d'Orgères. Sept ou huit cents hommes défilent en même temps dans la rue de Bel-Air. On nous assure que c'en est fini avec les passages de troupes. Le pays est libre derrière nous, et nous avons vu luire le dernier paratonnerre. Voilà donc le Prussien, cette odieuse et brutale réalité, passé à l'état de souvenir pour nous et de légende pour les générations au berceau. Il y a deux mois, à cette heureuse nouvelle, l'homme le plus flegmatique eût

exécuté une série de cabrioles insensées. Le fait,
aujourd'hui, laisse le public plus froid. Les
anxiétés quotidiennes et les ennuis incompa-
rables des occupations précédéntes nous ont un
peu blasés. Depuis la conclusion de la paix,
surtout, le Prussien ne nous effraie plus guère.
Nous avons fini par nous familiariser avec ces
grosses faces rougeaudes, et le temps n'est plus
où l'apparition de quatre uhlans faisait courir un
frisson général. Et puis, les circonstances dans
lesquelles l'armée allemande opère sa retraite
sont trop douloureuses pour laisser un libre cours
à la satisfaction de la délivrance. Les provinces
perdues, les populations violemment séparées
de la mère patrie, l'énorme indemnité, l'occupation des départements de l'Est se présentent
à l'esprit comme un funèbre cortége et para-
lysent tout élan de joie.

Les services se réorganisent. Les caisses
publiques se rouvrent altérées d'or, la gare du
chemin de fer se remplit d'employés qui
attendent d'heure en heure le passage du premier train, la poste nous fait espérer que les
lettres mettront désormais moins de temps pour
venir de Paris que de Calcutta, l'administration
reparaît enfin avec ses cartons et ses routines.
C'est la vie qui renaît partout sous ses formes
accoutumées. Les marchandises s'étalent librement aux montres des magasins, et l'argenterie

sort des profondeurs où une défiance trop justi-
fiée l'avait enfouie. Le Prussien a quitté la scène
où il avait tenu six mois le premier rôle, et la
ville, rendue à elle-même, va s'appliquer courageusement à sortir de ses lamentables ruines.
Tâche laborieuse, intéressante à divers points
de vue, mais dont les incidents fort vulgaires
ne sont plus de nature à tenter la plume des
témoins. Châteaudun est au terme de sa période
héroïque. Le plus douloureux chapitre de son
histoire est clos, et je souhaite sincèrement que
l'avenir n'y ajoute aucune page, quelque bril-
lante qu'elle soit. Le 18 octobre suffit désormais
au renom légendaire de la petite cité.

Paul MONTARLOT.

NOTES

—

¹ *Conseillers nommés les 7 et 14 août 1870 :*
MM. Lumière, notaire, *maire;* — Lecesne, propriétaire,
adjoint; — Pateau, tanneur, *adjoint;* — Bellamy,
marchand de vin; — Berger, maître de pension; —
Bourgeois, épicier; — Brossier, photographe; — Chevallier, fabricant de couvertures; — Coudray, avoué;
— Duchanoy, propriétaire; — Durand, marchand de
bois; — Géray, propriétaire; — Glaume, négociant en
grains; — Gougeon, conducteur des ponts-et-chaussées; — Legrand, banquier; — Lucas, ancien notaire;
— Pavie, géomètre; — Piéton, avoué; — Pouillier,
libraire; — Raimbert, médecin; — Renou, notaire;
— Viger-Allard, propriétaire; — Vignaut, boulanger.

Conseillers nommés les 2 et 3 octobre 1870 :
MM. Lumière, *maire;* — Gouin, entrepreneur,
adjoint; — Lemay, propriétaire, *adjoint;* — Anthoine,
médecin; — Busson, propriétaire; — Fanuel, agent
d'assurances; — Gendron, épicier; — Géray, propriétaire; — Goupille, marchand de toile; — Guyard,
banquier; — Humery, propriétaire; — Isambert, cultivateur; — Lebœuf, mercier; — Lestrade, marchand
de nouveautés; — Lucas (Alexis), notaire; — Moisant,
vétérinaire; — Pateau, tanneur; — Pointdedette, propriétaire; — Pommeret, marchand de nouveautés; —
Plaut, ancien notaire; — Renou, notaire; — Testa-
nière, capitaine retraité; — Viron, carrossier.

[2] Dans un mémoire adressé au préfet d'Eure-et-Loir à l'occasion des prisonniers d'Ablis, le major-général V. Schmitt se plaint en termes curieux des procédés des francs-tireurs « qui, ne reconnaissant aucune loi ni discipline, rôdent à la sauvage dans les bois à la façon des brigands, et, par leur conduite, se rendront coupables de la ruine des villes et villages par où ils passeront, » ajoutant « qu'ils sont la cause indirecte de la frayeur que cause le roi de Prusse dont on voit chaque jour s'augmenter en France la réputation de dureté et de cruauté... Enfin, » dit-il en forme de conclusion, « nous déplorons cela de toute notre âme, mais nous devons nons reconnaître innocents de toute faute qui retombe de tout son poids uniquement sur vos agitateurs qui rendent le pays misérable. »

[3] C'est le même aventurier qui a été successivement colonel-chef-d'état-major des forts du sud et général commandant la place de Paris, au service des communeux. Il y avait dans les rangs des francs-tireurs de Paris plusieurs scélérats de cette trempe. J'ai vu, le 18 mars, l'insurrection prendre possession des Tuileries, et, parmi les uniformes débraillés des fédérés, j'ai remarqué des vareuses noires qui ne m'étaient que trop connues.

[4] Le nombre des défenseurs de la ville ne saurait être rigoureusement précisé. Toutefois, il paraît constant qu'il n'excédait pas 1,200 hommes, et, à quelques unités près, se décomposait ainsi qu'il suit :
700 francs-tireurs de Paris ;
115 francs-tireurs de Nantes ;
 50 francs-tireurs de Cannes ;
335 gardes nationaux.

[5] Dans un récit qui prétend « à la sécheresse d'un procès-verbal, » un *reporter* du *Figaro* ajoute à cet épisode des détails fort dramatiques, mais encore plus fantaisistes :
..... Mais l'heure du dîner sonnait pour l'état-major.

Le général de Wittich, le duc de Saxe-Meiningen et un certain prince Albert dont je n'ai pu découvrir la principauté, entrèrent dans l'hôtel du Grand-Monarque, le plus vaste de la ville, et se firent servir un dîner de soixante-dix couverts. Le maître d'hôtel, M. Sénéchal, espéra un moment que sa maison était sauvegardée et fit tous ses efforts pour contenter ses hôtes.

« — Mettez sur la table des fleurs et beaucoup de bougies ! » dit le duc de Saxe.

Le repas fut splendide. On entendait au dehors le bruit de la fusillade, les cris des mourants, les crépitations de l'incendie. Les convives portaient des toasts à leurs souverains respectifs, à la reine Augusta, à Bismark, à de Moltke, etc. La cave entière menaçait d'y passer, quand Wittich demanda M. et Mme Sénéchal.

« — Vous nous avez fait un très-bon dîner, leur dit-il, aussi je veux vous récompenser par un bon avis. Prenez vite votre argent et ce que vous avez de plus précieux, et allez-vous-en, car nous allons brûler votre maison. »

Les malheureux se mirent à genoux, prièrent, supplièrent ; rien n'y fit.

« — Allez-vous-en donc, » s'écria le duc de Saxe, « car vous allez être brûlés du même coup. »

Et, prenant sur la table une bougie, il s'approcha d'un rideau et y mit le feu. Tous les officiers l'imitèrent. Ils se répandirent dans la vaste maison, tenant chacun une bougie à la main, et allumèrent tout ce qui pouvait s'enflammer. Plusieurs faillirent être asphyxiés en quittant les étages supérieurs, tant le rez-de-chaussée avait vite pris feu.

(Figaro du 24 février 1871.)

ÉTAT NOMINATIF DES PERTES SUBIES PAR LES DÉFENSEURS DE CHATEAUDUN.

Ont été tués dans la journée du 18 octobre ou ont succombé ultérieurement aux suites de leurs blessures :

Francs-tireurs : Legalle, capitaine (Nantais) ; — Dagrand, sergent ; — Poncelet, sergent ; — Seillade ; —

Gosson ; — Bodin ; — Fouvert ; — Martinat ; — Férunt ; — un sergent et neuf hommes dont l'identité n'a pu être établie.

Gardes nationaux : Alran, serrurier ; — Bouard, vigneron ; — Cauchard, taillandier ; — Coquau, cordonnier ; — Dufresne, aubergiste ; — Petit, rentier ; — Plé, tuilier ; — Rolland, serrurier ; — Sagot, journalier.

Étrangers : Roger, cordonnier à Courtalain ; — Martin, de Moléans ; — Pelletier, bourrelier à Marboué.

Ont été faits prisonniers :

MM. Baunier, forgeron ; — Bouthemy, jardinier ; — Bourreau, cirier ; — Bracquemond, sabotier ; — Benoiston, cafetier ; — Brulé, aubergiste ; — Basset, couvreur ; — Bruneau, tuilier ; — Brière, jardinier.

Clavier, peintre ; — Chevallier, marchand de chaussures ; — Cheriot, commis ; — Chavigny, aubergiste ; — Champenois, employé au chemin de fer ; — Chambay, sacristain ; — Couleau, cultivateur ; — Coursimault, couverturier ; — Clément, jardinier ; — Cheron, journalier.

Doré, cantonnier ; — Decool, clerc de notaire ; — Duchanoy, propriétaire ; — Dantan-Augereau, vigneron ; — Dantan-Bellanger, journalier ; — Derré, menuisier.

Fourmont, cordonnier ; — Fouchard (François), cultivateur ; — Fouchard (Paul), cultivateur ; — Fricot, aubergiste.

Girard, journalier ; — Guillemin, conducteur ; — Gouin-Lhote, journalier ; — Gouin-Richard, cordonnier ; — Gouin (Alexandre), épicier ; — Guesnier, jardinier ; — Goupil, horloger.

Hetté, vigneron ; — Hunault, tuilier.

Loiseau, coiffeur ; — Lebrun, tanneur ; — Lemaître, menuisier ; — Luton, peintre ; — Laurent, tuilier ; — Lépine, chantre.

Martin, chaudronnier ; — Mauplot, blanchisseur ; — Masselin, menuisier ; — Michau, tanneur ; — Morelli (de), propriétaire ; — Mullard, blanchisseur.

Panais, cabaretier; — Pepin, cordonnier; — Pilet, vannier; — Pilette, propriétaire; — Pommeret, jardinier; — Puan, journalier; — Pichard; — Patijaud, employé au chemin de fer; — Prudhomme, vigneron; — Pérault (Georges).

Rousseau, bourrelier; — Raimbert, propriétaire; — Renoult, jardinier; — Ronnay, boulanger.

Savigny, tonnelier; — Salmon, employé au chemin de fer; — Sellier, sabotier.

Touchard, tonnelier; — Trottereau, employé au chemin de fer.

Vernois, épicier; — Vassor, serrurier; — Viet, grainetier; — Vigneau, jardinier.

Il faut ajouter à cette liste quelques francs-tireurs et une trentaine d'habitants des communes voisines.

⁷ Décret.

« La Délégation du gouvernement de la défense nationale établie à Tours,

« Considérant que la petite cité de Châteaudun, ville ouverte, a résisté héroïquement pendant plus de neuf heures, dans la journée du 18 octobre, aux attaques d'un corps prussien de plus de 5,000 hommes, qui n'a pu réussir à l'occuper qu'après l'avoir bombardée, incendiée et réduite en cendres;

« Considérant que, dans cette mémorable journée, la garde nationale sédentaire de Châteaudun s'est particulièrement distinguée par son énergie, sa constance et son patriotisme, à côté des braves francs-tireurs de la ville de Paris;

« Considérant qu'il y a lieu de signaler à la France par un décret spécial du gouvernement le noble exemple donné par la ville de Châteaudun aux villes ouvertes exposées aux attaques de l'ennemi et de subvenir aux premiers besoins de la population chassée de ses demeures par l'incendie et les obus prussiens;

« Décrète :

« Art. 1er. — La ville de Châteaudun a bien mérité de la patrie.

« Art. 2. — Un crédit de 100,000 francs est ouvert au ministère de l'intérieur pour aider la population de Châteaudun à réparer les pertes qu'elle a subies à la suite de la belle résistance de la ville aux Prussiens dans la journée du 18 octobre 1870.

« Art. 3. — Les ministres de l'intérieur et des finances sont chargés, chacun en ce qui le concerne, de l'exécution du présent décret.

« Fait à Tours, le 20 octobre 1870.

« L. GAMBETTA, AD. CRÉMIEUX, AL. GLAIS-BIZOIN, L. FOURRICHON. »

Il convient d'ajouter qu'à la date du 15 avril 1871 *pas un centime* n'avait encore été touché par les incendiés.

[8] La nouvelle de cette insignifiante escarmouche a été transmise à Paris dans les termes suivants : « L'ennemi vient réquisitionner à Châteaudun tous les jours. Repoussé *cette nuit* par francs-tireurs qui ont fait *quarante tués* et *autant* de prisonniers. » (*Figaro.* Tablettes du siége. 13 novembre.)

[9] Voici les premières strophes de cette pièce :

Elle a voulu mourir! Dans la grande détresse,
Parmi nos pleurs, parmi ces deuils que nous menons,
Rien ne la défendait, ni tours, ni forteresses,
    Ni mitrailleuses, ni canons.

Vivre, elle le pouvait sans honte et sans reproche;
Sa rançon, au vainqueur elle pouvait l'offrir;
De plus forts ont cédé lorsque l'orage approche;
    Mais non : elle a voulu mourir!

Pour sauver ses coteaux tout murmurants d'abeilles,
Ses pommiers rougissants sur les flots verts du Loir,
Ses modestes trésors, ses vignes et ses treilles,
    Elle n'avait qu'à le vouloir!

Elle a voulu mourir, l'humble ville stoïque!
Son sol se refusait aux pas de l'étranger;

Elle avait pour vertu sa démence héroïque,
    Voyant l'affront, non le danger.

Elle est morte! L'obus, la mitraille, la bombe
Ont fauché ses maisons ainsi que des blés mûrs,
Mais du moins l'ennemi, s'il en fit une tombe,
    N'a pas humilié ses murs!

. . . .

[10] A cette date, les armées belligérantes se décomposaient ainsi qu'il suit :

ALLEMANDS.

Commandant en chef : prince Frédéric-Charles.

1re armée.
Général : prince Frédéric-Charles.

- 3e corps (Brandebourg), général von Alvensleben.
- 9e corps (Sleswig-Holstein), général Manstein.
- 10e corps (Hanovre), général Voigts-Rhetz.
- Une division de cavalerie, général von Hartmann.

2e armée.
Général : grand-duc de Mecklembourg.

- 17e division (Holstein), général von Treskow.
- 22e division (Hesse), général von Wittich.
- 1er corps bavarois, général von der Tann.
- 3 divisions de cavalerie, généraux von Rheibeben, prince Albert et comte Stolberg.

FRANÇAIS.

Commandant en chef :
général d'Aurelle de Paladines.

- 15e corps, général Martin des Pallières.
- 16e corps, général Chanzy.
- 17e corps, général de Sonis.
- 18e corps, général Bourbaki.
- 20e corps, général Crouzat.

Après l'évacuation d'Orléans, nos forces ont été divisées en deux armées, dont la première a entrepris la désastreuse campagne de Franche-Comté, et dont la seconde a soutenu jusqu'à la fin des hostilités le choc journalier des Allemands sur les rives de la Loire et devant le Mans.

<table>
<tr><td rowspan="3">1re armée :
Général Bourbaki.</td><td>15e corps, général Martin des Pal-
lières.</td></tr>
<tr><td>18e corps, général Billot.</td></tr>
<tr><td>20e corps, général Crouzat.</td></tr>
<tr><td rowspan="3">2e armée :
Général Chanzy.</td><td>16e corps, amiral Jauréguiberry.</td></tr>
<tr><td>17e corps, général de Colomb.</td></tr>
<tr><td>21e corps, amiral Jaurès.</td></tr>
</table>

¹¹ Tandis que notre armée se repliait devant un ennemi très-inférieur en nombre, le ministre de la guerre adressait au gouvernement de Paris des dépêches qui donnent une singulière idée de sa véracité ou de la sûreté des renseignements qui lui étaient transmis. On lit dans les Tablettes du *Figaro*, à la date du 3 décembre : Communication de deux dépêches reçues par pigeon. La première, signée Gambetta, est du 30 novembre : « . . . . . Notre situation excellente. Rien à craindre à droite ni à gauche. Centre gauche à la date du 20 novembre complètement dégagé. Les Prussiens ne peuvent se maintenir ni à Saint-Calais, ni à Cloyes, ni à Châteaudun. Depuis trois jours, offensive heureuse sur la droite. »

¹² La rapacité sans vergogne dont les Allemands nous ont donné le spectacle est depuis longtemps historique. César la signalait, il y a deux mille ans, en des termes d'une remarquable précision : « *Latrocinia nullam habent infamiam, quœ extra fines cujusque civitatis fiunt; atque ea juventutis exercendœ ac desidiœ minuendœ causa fieri prœdicant.* — Les vols commis hors des frontières de chaque État ne sont point entachés d'infamie, et les Germains les recommandent comme un moyen d'exercer les jeunes gens

et de combattre la paresse. » (*Comment.*, liv. VI, ch. XXIII.)

[13] Ceux qui, comme nous, ont vu de près les Prussiens, leur discipline et leur artillerie, ne reliront pas sans sourire les traits principaux d'une proclamation de Victor Hugo que le *Rappel* insérait dans son numéro du 18 septembre. L'armement recommandé par le poète est à la portée de tous : le tocsin, la *Marseillaise*, de vieux fusils, des tuiles, quelques meubles et beaucoup de pierres. C'est simple et naïf comme la stratégie de la guerre de Troie.

« Que toutes les communes se lèvent ! Que toutes les campagnes prennent feu ! Que toutes les forêts s'emplissent de voix tonnantes ! Tocsin ! Tocsin !... Marseille, chante ta chanson et viens terrible..... Guerre ou honte ! Qui veut peut. Un mauvais fusil est excellent quand le cœur est bon ; un vieux tronçon de sabre est invincible quand le bras est vaillant.... Tout de suite, en hâte, sans perdre un jour, que chacun, riche, pauvre, ouvrier, bourgeois, laboureur, prenne chez lui ou ramasse à terre tout ce qui ressemble à une arme ou à un projectile.... Combattez avec tout ce qui vous tombera sous la main, prenez les pierres de notre terre sacrée, lapidez les envahisseurs avec les ossements de notre mère la France.... Que les rues des villes dévorent l'ennemi, que la fenêtre s'ouvre furieuse, que le logis jette ses meubles, que le toit jette ses tuiles, que les vieilles mères indignées attestent leurs cheveux blancs.... Organisons l'effrayante bataille de la patrie..... Quant à l'Europe, que nous importe l'Europe !.... Paris suffit à Paris.... La fournaise vermeille de la République s'enfle dans son cratère : déjà sur ses pentes se répandent et s'allongent des coulées de laves, et il est plein, ce puissant Paris, de toutes les explosions de l'âme humaine. Tranquille et terrible, il attend l'invasion, et il sent monter son bouillonnement. Un volcan n'a pas besoin d'être secouru....»

JOURNAUX ALLEMANDS

——

I

COMBAT DE CHATEAUDUN

§ 1

(Correspondant de Hambourg, 2 novembre 1870).

Versailles, 25 octobre. — On peut donner comme certains les détails suivants sur la marche de la 22e division jusqu'à son entrée à Châteaudun. Le 16 octobre, le général de Wittich avait quitté Orléans avec ses troupes, et s'était avancé jusqu'à Saint-Péravy, sur la route de Paris, et Saint-Sigismond. Après y avoir effectué sa jonction avec la division de cavalerie de Son Altesse Royale, le prince Albert de Prusse, il se mit en marche vers Châteaudun.

Le 18 octobre, journée mémorable et désormais historique, vers midi et demi ou une heure, on fut en vue de la ville. Tandis que les troupes n'avaient été jusque-là nullement inquiétées par l'ennemi, les avant-postes essuyèrent, des villages aux alentours de Châteaudun, des maisons et des fermes, un feu de mousqueterie. Les premières décharges atteignirent des hussards de la quatrième division. Ils surent néanmoins se couvrir, et, quand l'infanterie et l'artillerie se furent avancées, on réussit à repousser l'ennemi de ses positions et à le rejeter vers Châteaudun. Il y avait là, pour la plupart, des gardes-mobiles, des gardes nationaux et des francs-tireurs des départements les plus divers, surtout du Midi, et seulement un peu de troupes de ligne (*nur wenig Linientruppen*).

L'avant-garde qui, sur ces entrefaites, s'était avancée jusque sous les murs de la ville, donna avis que toutes les issues de Châteaudun étaient fortement barricadées, de telle sorte qu'il n'était point douteux que la garnison n'eût l'intention de se défendre énergiquement. Le général de Wittich prit aussitôt, à deux heures de l'après-midi, ses dispositions pour que la ville fût cernée de deux côtés, à l'est et à l'ouest, par de l'infanterie. L'artillerie fut amenée vers le front sud, sur lequel court une longue levée du chemin de fer qui domine la ville. Elle eut à se placer derrière la levée et à bombarder la ville par dessus. Il était important (*von wichtigkeit*) d'occuper la station du chemin de fer qui forme

du côté de l'est la clef de la ville. La position
fut enlevée (*gestürmt*) par la brigade Kontsky
avec le concours des pièces de campagne. Le
32ᵉ régiment, sous les ordres du colonel Fœrster,
se mit en même temps en mouvement du côté
de l'est. Il essuya dans sa marche une fusillade
d'une violence extraordinaire qui partait des
murs et des maisons de la ville. Il fut désormais
démontré que les habitants s'étaient préparés à
soutenir un siége en règle. Ils avaient percé de
meurtrières les combles des toits, pratiqué des
ouvertures dans les tuiles pour y glisser leurs
fusils, et crénelé dans le même but tous les
murs d'enceinte de la ville. C'est dans ces circonstances que la batterie bavaroise Ollivier
reçut l'ordre de tirer sur la ville. Elle plaça ses
pièces à une distance de 800 pas de l'ennemi
qui dirigea vigoureusement sur elle le feu de ses
chassepots. Après un bombardement efficace,
le 32ᵉ régiment d'infanterie put alors s'avancer
et emporter d'assaut (*stürmend nehmen*) un
château situé sur ce front, où il fut renforcé
par un bataillon du 94ᵉ régiment d'infanterie,
tandis que, sur l'aile droite, la brigade Kontsky
occupait depuis trois heures la gare du chemin
de fer. Quand on se fut rapproché de la ville,
on s'aperçut qu'il restait à accomplir la partie
la plus difficile de la tâche. Toutes les rues sans
exception, ainsi que les voies transversales,

étaient fermées par des barricades. La construction de celles-ci était telle qu'on ne pouvait
songer à les enfoncer avec de l'artillerie : sur le
côté extérieur (celui qui regardait l'ennemi),
des fascines, puis une couche de sable de trois
ou quatre pieds de profondeur, qui avait uniquement pour objet d'amortir l'explosion des
projectiles, par derrière des bornes, et, enfin,
pour donner de la solidité aux pierres, des troncs
d'arbres, le tout disposé de telle façon que les
barricades fussent pourvues d'un parapet complet. Il fut cependant utile que, sur le front
sud, l'artillerie, des trente canons de ses cinq
batteries, bombardât vigoureusement la ville
jusqu'à la tombée de la nuit. Le feu prit sur
différents points, ce qui affaiblit peu à peu la
résistance. Vers neuf heures du soir, le général
de Wittich donna l'ordre de prendre d'assaut
(*stürmen*) la ville tambour battant. L'opération
ne s'effectua que très-lentement. L'ennemi se
défendait de maison en maison. Des pionniers
durent enfoncer les murs pour frayer de cette
manière un chemin à nos tirailleurs. Dans
bien des cas, le feu, en se propageant, chassa
l'ennemi des maisons.

Ce combat terrible (*anstrengende*) dura jusqu'à trois heures du matin. Nos troupes s'empa-
rèrent alors des dernières maisons, occupèrent
la mairie et se réunirent sur la place du marché.

Les deux tiers de la ville ont été détruits par suite de la résistance, en définitive, inutile, des 3 à 4,000 hommes qui composaient la garnison. Mais l'exemple a produit son effet. A Chartres, on avait fait également des préparatifs de défense. Quand on apprit les détails de la prise de Châteaudun, le maire apporta les clefs, — et ce ne fut certainement pas au désavantage de la ville. [1]

[1] Il est superflu de relever les inexactitudes de cette version : chaque phrase appellerait une rectification. Il convient seulement de remarquer que l'auteur du récit a été très-sobre de détails sur la catastrophe finale et ses causes. A l'en croire, ce serait le bombardement qui aurait amené la destruction d'une partie de la ville. Ce *reporter* n'a pas la mémoire du pétrole. On sait à Châteaudun à quoi s'en tenir, et il faut, pour l'édification de l'histoire, que chaque témoin crie bien haut et ne se lasse pas de répéter que, si les obus ont embrasé *huit* maisons, les soldats en ont brûlé *cent quatre-vingt-dix-sept* à la main, froidement, patiemment, sans l'excitation du combat et alors que toute résistance avait cessé. Il n'est point de succès qui lavent une telle honte et je comprends le silence prudent des Allemands. Qui sait, après tout, s'ils ne sortiront pas quelque jour de leur mutisme, pour contester la réalité de cette exécution sauvage qui les déshonore à jamais? Leurs officiers supérieurs ont bien nié le pillage. « Comment ! » disait, le 19 octobre, un médecin de Bonneval, le docteur B..., au colonel Fœrster, du 32e régiment d'infanterie, « vous déclarez que vous ne faites pas la guerre aux habitants et vous laissez vos troupes mettre toutes les maisons au pillage. » — « Pardon, c'est une erreur, » répondait le colonel. « Nos soldats respectent scrupuleusement la propriété

§ 2

(Allemagne, 4 novembre 1870):

Une lettre du duc de Saxe-Meiningen, en date du 24 octobre, donne une idée précise du combat récent de Châteaudun.

Le 18, la 22e division d'infanterie marcha sur Châteaudun avec la brigade de cavalerie Hontheim, tandis que les deux autres brigades de la division de cavalerie suivaient à quelques lieues de distance. Chemin faisant, nous apprîmes que Châteaudun était occupé par 800 francs-tireurs. Nous étions curieux de savoir s'ils nous attendraient ou s'ils se retireraient à notre approche, dont ils pouvaient s'assurer du haut des toits. La tête de notre colonne arriva, sur ces entrefaites, à proximité de la ville et ouvrit le feu.

Il était une heure. Comme on croyait n'avoir affaire qu'à 800 francs-tireurs, le général de Wittich fit aussitôt marcher contre la ville un bataillon du 95e par la route d'Orléans, et ordonna aux deux autres bataillons du même régiment de suivre de près. Une des trois batteries prit position à droite de la route; les deux autres à gauche, couvertes sur leur flanc gauche

privée : *ce sont les francs-tireurs qui ont pillé la ville.* » On voit que l'impudence allemande n'a pas de limites.

par la brigade de cavalerie Hontheim, qui s'avança jusqu'au-delà de la route de Tours.

Le bataillon du 95e ayant rencontré une vigoureuse résistance aux abords de la ville, les autres bataillons du régiment s'avancèrent, et le 32e reçut l'ordre d'attaquer par la route de Tours, tandis que les batteries ouvraient sur la place un feu bien nourri.

Châteaudun n'a guère que des maisons massives. Une haute levée de chemin de fer longe le côté sud. Au nord, la ville se termine par une pente rapide qui descend vers la rivière du Loir. Huit barricades, hautes et solides, avaient été construites sur les points les plus importants. Toutes les maisons qui se prêtaient à la défense étaient, en outre, occupées par des tireurs.

En présence de tels obstacles, nos troupes ne pouvaient gagner du terrain que lentement. Pour ne pas exposer l'infanterie à un combat inégal qui lui ferait essuyer de grandes pertes, on ne négligea rien pour mettre le feu à la ville au moyen de l'artillerie, afin de refouler l'ennemi le plus possible. La batterie bavaroise fut adjointe au 32e régiment et prit position à l'extrême gauche, près du Loir. Le feu de trente pièces dura jusqu'à la nuit et près de 3,000 obus furent lancés sur la ville qui prit feu en plusieurs endroits. C'était un spectacle terrible. L'infanterie, qui se composait des 32e et 95e régiments, appuyés plus tard encore par de la réserve, de deux bataillons du 94e et de deux compagnies du 83e, marcha sans cesse en avant, bien qu'avec lenteur. A minuit, la division était maîtresse de la ville. L'ennemi s'était retiré au-delà du Loir à la faveur de la nuit, abandonnant 120 prisonniers non blessés. Ses pertes en morts et blessés étaient considérables.

Les troupes de la division qui ont pris part à l'action ont combattu avec beaucoup de bravoure et de ténacité. L'attitude de la batterie bavaroise a été également excellente. Un de ses pelotons se trouva, pendant le combat, exposé, à huit cents pas, au feu ennemi qui partait des maisons. Lorsqu'il eut épuisé ses munitions, le lieutenant qui le commandait ne le ramena pas en arrière, mais entonna avec ses hommes, sous le feu de l'ennemi, la « *Sentinelle sur le Rhin.* » Une pièce prussienne fut amenée tout près d'une barricade et resta durant une heure sous un feu meurtrier; elle perdit tous ses servants. Les pertes de la division dans ce rude combat ont été d'environ 120 hommes.

Les forces ennemies se composaient d'environ 1,000 francs-tireurs de Paris et de Lyon, de garde mobile et de garde nationale, sous le commandement du comte polonais Lipowski. Le 19, au matin, l'état-major de la division prit ses quartiers dans la ville. Il était difficile de trouver une seule maison qui ne fût pas brûlée ou entièrement dévastée. Nos obus avaient opéré, en effet, des ravages terribles, plus terribles même que nos officiers d'artillerie ne s'y étaient attendus.

A quatre heures de l'après-midi, la division eut une alerte. L'ennemi s'avançait sur la route de Tours; mais il se proposait seulement de pousser une reconnaissance, car il se retira en toute hâte. Cependant un vent violent s'était élevé, et, lorsque nous rentrâmes dans Châteaudun, le feu avait gagné tant de terrain qu'un quart de la ville était tout en flammes. Le séjour pendant la nuit ne fut pas exempt de quelque danger.

Le 20, à cinq heures du matin, la division marcha sur Chartres. . . . .

II

COMBATS DE VILLEPION ET DE LOIGNY

(*Gazette de Silésie*, 15 décembre 1870).

..... [1] Un cercle de fer enveloppait l'ennemi retiré dans la forêt d'Orléans. Rien d'important ne s'était passé sur l'aile droite, depuis l'action du 21 novembre, à Nogent-le-Rotrou. Le 22, le 1er corps bavarois, les 22e et 17e divisions entrèrent dans Nogent. A partir de là, la 22e division prit la droite, la 17e forma la gauche à la hauteur de Saint-Crou (?), tandis que les Bavarois s'avançaient sans le moindre arrêt, à travers les fossés et les barricades dont on avait

---

[1] Cette relation n'est pas inédite comme la première, que j'ai traduite d'après un numéro du *Correspondant de Hambourg*. Elle a déjà été insérée dans le *Journal officiel* du 26 décembre 1870; mais la faible publicité qu'elle a reçue m'a déterminé à la reproduire. Elle m'a paru exacte, très-impartiale et particulièrement intéressante pour ceux qui ont assisté comme nous aux opérations militaires de cette période, sans être à même de porter sur elles une vue d'ensemble. Les combats de Villepion et de Loigny sont surtout rapportés avec une précision de renseignements qui sera probablement goûtée des lecteurs et leur permettra de suivre facilement sur la carte les péripéties de l'action.

semé leur chemin, jusqu'à la Ferté-Bernard.

On laissa l'ennemi suivre sa route, et on appuya sur la gauche pour se rapprocher d'Orléans. Mais, afin de laisser croire à l'ennemi que le corps d'armée qui le poursuivait était celui du grand-duc de Mecklembourg et projetait une marche sur le Mans et Angers, on détacha la 6ᵉ division afin d'occuper l'ennemi plusieurs jours, pour revenir ensuite sur la gauche.

Le 24, les Bavarois se trouvaient à Vibraye, tandis que la 17ᵉ division attendait à la Ferté-Bernard. Ordre fut donné d'exécuter une marche forcée au sud-ouest. Elle commença le 26, dès quatre heures et demie du matin, sur Arville, tandis que la 17ᵉ division se dirigeait, de son côté, vers la Bazoche-Gouet.

Le 27, nouvelle marche très-matinale et très-prolongée. Les Bavarois occupèrent Logron, et la 17ᵉ division, le château de Vrainville. La 22ᵉ division se trouvait dans le voisinage de la 17ᵉ, mais plus au nord.

Le jour suivant fut consacré à un repos indispensable accordé à la majeure partie du corps d'armée, pendant que la seconde division bavaroise s'avançait jusqu'à Châteaudun et l'occupait. Là avait eu lieu déjà une petite rencontre entre les troupes bavaroises qui se trouvaient au sud-est et la cavalerie française qui poussait des reconnaissances dans tout le pays, en guise d'avant-garde de l'armée ennemie. La position de cette dernière était difficile à connaître, car elle avait dérobé sa ligne, exactement à l'imitation de notre manière de combattre, derrière un rideau de cavaliers et de francs-tireurs.

Le 29, notre marche à l'ouest recommença, la 22ᵉ division formant l'avant-garde, la 17ᵉ division se trouvant au nord, le 1ᵉʳ corps bavarois au sud. La 22ᵉ division se porta sur Janville, la 17ᵉ occupa Germignonville, tandis que les Bavarois s'avançaient jusqu'à Orgères. Ceux-ci durent le même jour résister à l'attaque d'un bataillon de tirailleurs girondins et arrêter leur marche. Le bataillon se défendit vaillamment, mais, enveloppé de toutes parts, il dut à la fin se rendre presque tout entier.

Au 1ᵉʳ décembre, les dispositions étaient achevées et la marche en avant contre l'ennemi pouvait commencer. Il restait toutefois à faire préalablement une reconnaissance sur l'aile droite. A cette date, les troupes du grand-duc se trouvaient sur la route de Janville à Orgères. La 4ᵉ division de cavalerie couvrait le flanc droit depuis Orgères jusqu'à Cormainville; la 2ᵉ division de cavalerie couvrait la gauche jusqu'à Tillay-le-Péneux.

Le 1ᵉʳ décembre devait être un jour de repos, et les troupes bavaroises, ainsi que les 17ᵉ et 22ᵉ divisions, devaient demeurer dans leurs cantonnements. Le corps bavarois avait été tellement décimé par les combats d'Orléans, de Coulmiers et d'autres moins importants qu'*à peine restait-il sous les armes la moitié des fantassins,*[1] de sorte qu'il ne possédait pas l'effectif d'une division prussienne. Quelques-uns des bataillons avaient même tellement souffert qu'ils ne pouvaient plus constituer qu'une seule compagnie commandée par trois officiers seulement. Le 4e bataillon de chasseurs ne comptait plus que 160 hommes.

Mais voici que vers midi, le 1er décembre, arrive la nouvelle que l'ennemi se trouvait à Patay et s'avançait vers Guillonville. Le général von der Tann fit prévenir aussitôt tout le corps. La 1re brigade marcha sur Nonneville, au-devant de l'ennemi. Il était trois heures de l'après-midi, lorsqu'on aperçut la pointe de la tête des Français qui venaient d'y arriver en grand nombre, 20,000 peut-être. On fit avancer l'artillerie et on les canonna vigoureusement. Mais l'ennemi ne vint pas à notre rencontre et se contenta de riposter à nos feux. Il fit, au contraire, un mouvement sur l'aile gauche et parut avoir le dessein de tourner la brigade, afin de la couper du reste de l'armée.

[1] Ces mots sont en gros caractères dans le journal allemand.

Aussitôt que ceci fut remarqué, von der Tann envoya la seconde brigade en renfort sur Villepereux, afin de tomber sur l'aile gauche de l'ennemi. Mais, celui-ci étant trop fort, l'attaque ne put réussir et les troupes durent se retirer dans leurs anciens cantonnements. L'ennemi occupa Villepereux et même Nonneville. Il avait donc réussi dans sa manœuvre de l'aile droite. Les Bavarois se retrouvaient le soir dans leurs positions d'Orgères et de la Maladrerie. Les pertes n'étaient pas insignifiantes : plus de 500 hommes étaient tués ou blessés. La journée avait été chaude, mais la marche en avant de l'ennemi avait été arrêtée. Ses projets étaient désormais fort clairs : il voulait tenter un mouvement tournant sur l'aile gauche, n'ayant devant lui que les Bavarois et la 4e division de cavalerie. C'est alors qu'une attaque fut ordonnée pour le 2 décembre au corps d'armée du grand-duc de Mecklembourg contre l'ennemi qui s'était étendu jusqu'à un demi-mille d'Orgères.

Les Bavarois devaient se réunir à Tanon, au croisement de la route de la Maladrerie. La 17e division, dont le quartier général était à Allaines, avait ordre de se diriger sur Santilly pour le prendre par le flanc, tout en marchant sur Lumeau. A côté d'elle, la 22e division devait la devancer sur Artenay et occuper Poupry. La 4e division de cavalerie avait pour mission

de tourner l'ennemi de Cormainville jusqu'à
Fontenay-sur-Conie. Le front de l'ennemi se
trouvait en travers de la route de Patay à Guillonville. Le terrain, de ce côté, est absolument
plat : on n'aperçoit pas un arbrisseau. Les
villages eux-mêmes sont hermétiquement clos,
dépourvus de jardins, enveloppés de fortes
murailles et semés comme des bourgades isolées
dans une vaste plaine aux lignes constamment
horizontales. Ainsi qu'on l'avait prévu, l'ennemi
chercha à percer notre ligne. Le matin, à sept
heures, des patrouilles de cavalerie vinrent au
galop prévenir au quartier général de von der
Tann que l'ennemi s'approchait en masse, non
pas sur la route d'Orléans comme on l'y attendait, mais entre Loigny et Lumeau, dans la
direction de Germignonville, et probablement
avec l'intention de séparer les Bavarois de la
17e division. Cette manœuvre, aussi habilement
conçue que rapidement exécutée, constituait
pour les Bavarois un danger des plus grands.
En conséquence, von der Tann envoya contre
l'ennemi, vers Loigny, la 1re brigade, afin de
s'emparer de cette position et d'empêcher ainsi
le passage de l'aile gauche des Français. La
brigade gagna le château de Goury, auquel
attient un grand parc, et s'y retrancha.

Cependant, le village regorgeait de Français
qui s'approchaient en grandes masses du châ-

teau et commençaient à serrer de près les Bavarois. L'ennemi affluait de toutes parts, dirigeant
une fusillade terrible et soutenu par une grêle
d'obus et de biscaïens de mitrailleuses. Les
Bavarois éprouvaient des pertes considérables;
les hommes tombaient par centaines et chaque
minute qui s'écoulait augmentait le péril de voir
la brigade ou anéantie ou prisonnière. C'est alors
que la 2e brigade se dirigea vers le parc au pas
de course, afin d'arrêter le mouvement offensif
de l'ennemi. Deux régiments réussissent ainsi
à prendre possession des murs, des bâtiments
et de la cour. Ils ouvrent un feu meurtrier sur
les assaillants et leur infligent des pertes
sérieuses. Ceux-ci reviennent à la charge avec
de nouveaux renforts et entourent de tous côtés
le château de Goury. Ces masses de fantassins
éparpillés s'avancent de plus en plus et frappent
de leurs feux précipités nos troupes qui subissent
de grandes pertes en défendant le parc. Les
deux brigades peuvent à peine soutenir l'attaque
pendant un quart d'heure, puis la résistance
faiblit. Le reste de la 1re division était perdu
sans le secours opportun qu'elle reçut.

Von der Tann avait envoyé en avant la 3e et
la 4e brigade pour rompre l'attaque de l'ennemi.
Elles accoururent et parvinrent à dégager les
troupes cernées. Mais lorsqu'elles arrivèrent
sur un terrain ouvert, elles furent accueillies

par le feu violent des chassepots. Les canons
des Français, cachés dans un fossé et au ras
du sol, criblaient les brigades, et une pluie
effroyable de biscaïens et d'obus les décimaient.
Des rangs entiers de soldats tombaient les uns
sur les autres. L'attaque avait échoué et les
deux brigades durent retourner à leurs abris.
Là, elles se reformèrent, tandis que la 2ᵉ brigade
se séparait d'elles pour marcher sur la gauche
de l'ennemi, au-delà de la Maladrerie, et empêcher le mouvement tournant. Les 1ʳᵉ, 3ᵉ et 4ᵉ
brigades demeurèrent dans le parc et dans ses
dépendances pour soutenir le choc de l'ennemi
qui devenait d'instant en instant plus fort et
plus irrésistible.

C'est à ce moment qu'un nouveau mouvement en avant fut tenté. L'ennemi entourait
tout entier le château de Goury. Sa canonnade
s'étendait au-dessus de Loigny, vers la Maladrerie ; les environs de Loigny étaient tout entiers
dans ses mains, et les trois brigades étaient
tournées, presque cernées. Notre artillerie était
en majeure partie comprise dans la ligne qui
nous enveloppait. Les trois brigades furent alors
réunies et on leur dit qu'il fallait briser le cercle
de fer que l'ennemi avait tracé autour d'elles.

Elles s'élancèrent en courant, s'avancèrent
d'une centaine de pas et lâchèrent contre l'ennemi plusieurs décharges qui ne l'ébranlèrent

point dans ses positions. Tout au contraire, elles ne s'en trouvèrent que plus à portée des balles de chassepots et des boulets de l'artillerie. Les rangs commencèrent à plier. Aussitôt, l'ennemi se précipita furieux, et, ne pouvant résister à l'effort de ces masses colossales, nos brigades, fortement décimées, durent se replier sur les bâtiments et dans le parc, toujours poursuivies par le feu de l'ennemi.

La situation était des plus périlleuses. Les munitions commençaient en même temps à manquer dans quelques régiments. Des bataillons avaient perdu presque la moitié de leur effectif et l'ennemi s'approchait toujours en masses de plus en plus compactes. Encore une demi-heure, et le corps de von der Tann était anéanti, et la plus grande partie de nos canons tombait aux mains de l'ennemi. L'ordre ne se maintenait plus convenablement, les troupes de divers régiments se trouvaient mêlées et le découragement s'emparait d'elles.

C'est alors qu'en temps opportun, — il était une heure de l'après-midi, — les Bavarois entendirent sur leur flanc gauche une forte et claire canonnade. C'était la 17e division qui s'avançait à leur secours. On aperçut bientôt les premiers tirailleurs s'éparpiller dans la plaine. Les lueurs de leur fusillade furent un signal joyeux pour les Bavarois si étroitement serrés. L'attaque recommença, et ils firent tous leurs efforts pour arrêter le mouvement en avant de l'ennemi. Mais celui-ci, s'apercevant de la seconde attaque, se précipita sur ses nouveaux adversaires, en négligeant quelque peu le château de Goury, afin de ne pas se laisser arracher les avantages de la journée.

La 17e division était arrivée à sept heures et demie à la position qui lui avait été assignée à Santilly. Elle s'ébranla lentement de ce point sur Lumeau, afin d'y atteindre l'ennemi. Au milieu de la route, entre Lumeau et Santilly, se trouve le village de Baigneaux qui occupe une colline mollement inclinée. L'ennemi y avait posté, pour protéger ses flancs, quelques régiments et de l'artillerie. Ce fut ce village qui fut attaqué vers l'ouest. L'artillerie se plaça en avant, tandis que l'infanterie de la 34e brigade marchait sur le village. L'ennemi ne fit pas grande résistance et se retira sur Lumeau qu'il occupa fortement. C'est alors que toute la division s'ébranla sur ce dernier village pour s'en emparer. On entendait sur la droite le grondement formidable du canon. Évidemment un combat acharné devait être engagé de ce côté. Nos troupes avancèrent en toute hâte, et il n'était que temps : les Bavarois soutenaient leur dernier effort dans le château de Goury.

Aussitôt que l'ennemi s'aperçut de ce mouvement contre Loigny, il fit accourir son artillerie et ouvrit un feu très-vif contre l'infanterie qui s'approchait. Mais notre artillerie lui riposta aussitôt. Les pièces furent si parfaitement pointées, que deux caissons furent détruits et plusieurs canons démontés. L'attaque d'artillerie des Français était ainsi anéantie. Ils durent retirer leurs batteries et mirent en avant de grandes masses d'infanterie destinées à arrêter la 17e division. Une fusillade bien nourrie descendait des petites éminences sur lesquelles se trouve Loigny. Elle s'étendait sur la vaste plaine qui s'étend devant le village, et entretenait un feu violent et meurtrier. Une demi-conversion de la division fut alors commandée, afin d'amener sa jonction avec les Bavarois vers le nord-est. Cette importante manœuvre s'opéra avec autant de précision que de rapidité, sous le feu terrible de l'ennemi.

Le combat commence. Les batteries s'avancent, les masses se succèdent sans relâche. L'ennemi quitte la plaine et s'appuie sur Loigny. En un instant, le village est fortifié, des barricades, des créneaux, des fossés sont établis, les murailles sont percées, et l'attaque française devient un combat de défense. C'est alors que fut ordonné un mouvement de flanc droit. L'ordre de bataille se présenta sur l'aile gauche qui était depuis si longtemps repliée en arrière, et une marche en avant fut rapidement exécutée. Loigny fut ainsi bloqué par le côté sud.

Les routes de Loigny à Sougy et à Terminiers sont traversées, et les 90ᵉ et 76ᵉ régiments arrivent sur les derrières de l'ennemi. Un combat court, mais désespéré, fait tomber Loigny en flammes dans les mains des troupes assaillantes. Le château de Goury est délivré de l'investissement, et les Bavarois se trouvent en communication avec la 17ᵉ division.

Le général Charette, vingt officiers et 1,700 hommes qui occupaient le village furent faits prisonniers. Quatre canons et huit chariots de munitions furent pris en outre. L'escadron du colonel von Marschalk, commandant le 11ᵉ uhlans, s'empara de deux mitrailleuses. Non-seulement l'ennemi était arrêté dans sa marche en avant, mais encore il était repoussé et rejeté sur Patay. Nos pertes sont toutefois très-considérables. Les Bavarois seuls ont perdu plus de cent officiers et près de deux mille hommes. La 17ᵉ division a éprouvé également de sérieuses pertes.

La 22ᵉ division, dans sa marche de Toury sur Artenay, s'était guidée, vers midi, sur le bruit de la canonnade, et, s'étant séparée sur la droite de la grande route, avait trouvé vers Poupry d'importantes masses ennemies. Un combat acharné et extrêmement sanglant s'y engagea.

Les régiments de la 22e division, déjà si décimés, éprouvèrent de nouveau des pertes colossales. L'action demeura longtemps indécise : elle était opiniâtre et meurtrière de part et d'autre. Mais lorsque, vers midi, la brigade bavaroise et quelques régiments de la 17e division arrivèrent au secours, le succès de la journée se déclara également ment pour nous sur ce point. Une attaque sur la gauche détermina l'ennemi à se replier sur Artenay. C'est ainsi que nos troupes, après un combat aussi chaud et qui nous avait coûté tant de victimes, se trouvaient à Villepereux, à Loigny, à Lumeau et à Poupry, en face de l'ennemi concentré et massé sur la route d'Artenay à Patay.

TABLEAU CHRONOLOGIQUE

Des faits de guerre qui se sont accomplis à Châteaudun
et dans un rayon de cent kilomètres.

———

SEPTEMBRE.

15. Les Prussiens se montrent à Juvisy.

16. Le chemin de fer de Paris à Orléans est coupé
entre Athis et Ablon.

22. Entrée des Prussiens à Pithiviers.

25. Engagement de cavalerie à Artenay.

27. Le prince Albert arrive à Toury. — Évacuation
d'Orléans par le général de Polhès.

28. Éclaireurs prussiens à Voves.

29. Arrivée à Châteaudun du bataillon des francs-
tireurs de Paris.

OCTOBRE.

1. Engagement à Patay entre les francs-tireurs de
Paris et des cuirassiers allemands.

3. Engagements à Viabon et à Sancheville.

4. Combat d'Épernon.

5. Combat de Toury. — Incendie de Trancrainville.

8. Combat et incendie d'Ablis.

9. Les Prussiens reparaissent à Janville et à Toury.

10. Combat d'Artenay. — Escarmouche à Varize. —
Combat de Cherizy.

11. Évacuation d'Orléans par le général de Lamotte-rouge.
12. Les Prussiens à Auneau.
13. Cinq uhlans se montrent aux portes de Châteaudun.
14. Engagement à Varize. — Construction de barricades à Châteaudun.
15. Combat et incendie de Varize et de Civry.
16. Le général de Wittich quitte Orléans et prend avec sa division la route de Châteaudun.
17. Il opère à Saint-Péravy sa jonction avec la division de cavalerie du prince Albert. — Incendie de deux hameaux de Lutz.
18. Combat, bombardement et incendie de Châteaudun.
20. Décret portant que Châteaudun a bien mérité de la patrie.
21. Entrée des Prussiens à Chartres.
26, 29, 31. Reconnaissances de cuirassiers bavarois à Châteaudun.

NOVEMBRE.

6. Escarmouche à Châteaudun entre des cuirassiers bavarois et les francs-tireurs Lipowski.
7. Combat de Vallière.
9. Bataille de Coulmiers.
10. Entrée de l'armée de la Loire à Orléans.
14. Engagement à Viabon.
17. Combat de Dreux.
18. Combat de Châteauneuf. — Incendie du Perruchet.
19. Occupation de Châteaudun par le 17e corps d'armée, général de Sonis.
21. Combat de Bretoncelles.
22. Entrée des Prussiens à Nogent-le-Rotrou.
23. Entrée des Prussiens à Mamers.

24. Combats de Ladon, de Maizières et de Boiscommun.

25. Entrée des Prussiens à Saint-Calais. — Engagement à Yèvres.

26. Le 17e corps évacue Châteaudun et se replie sur Marchenoir.

27. Passage à Châteaudun du 1er corps d'armée bavarois, général von der Tann.

28. Combats de Maizières et de Beaune-la-Rolande.

29. Engagement à Varize.

DÉCEMBRE.

1. Combat de Villepion.

2. Bataille de Loigny. — Châteaudun est réoccupé par une colonne du 17e corps.

3. Combats de Patay et de Chevilly.

4. Évacuation d'Orléans par le général d'Aurelle de Paladines.

5. Entrée des Prussiens à Orléans.

6. Combat de Foinard.

7. Combats de Meung et de Beaugency.

8. Combat de Villorceau. — Décret ordonnant la translation du gouvernement de Tours à Bordeaux. — Évacuation de Beaugency.

9. Combat de Tavers et de Villejouan.

10. Combat d'Origny.

11. Une garnison bavaroise s'établit à Châteaudun.

12. Des francs-tireurs la délogent.

13. Engagement dans la ville entre des francs-tireurs et des uhlans.

14. Combat de Fréteval. — Incendie de la Ferté-Villeneuil.

15. Combat de Vendôme. — Passage à Châteaudun de la division du général de Bredow.

16. Combat de Morée.

17. Combat de Droué.

20. Combat de Monnaie. — Démonstration des Prussiens devant Tours.

21. Passage à Châteaudun de l'armée du grand-duc de Mecklembourg.

25. Pillage de Saint-Calais.

27. Combat de Saint-Quentin.

31. Engagement à Courtalain.

JANVIER.

1. Combats de Longpré et de Saint-Amand.

3. Incendie du Barry, près Châteaudun.

6. Combats de Villethion, d'Azay et de la Fourche.

7. Combats de Villechauve et du Theil.

9. Combats de Chahaignes, de Thorigné et de Connerré. — Entrée des Prussiens à Nogent-le-Rotrou.

10. Combat de Parigné-l'Évêque.

11. Bataille du Mans.

12. Entrée de Frédéric-Charles au Mans. — Retraite de l'armée de la Loire sur Laval.

14. Combat d'Alençon.

15. Combat de Sillé-le-Guillaume.

28. Conclusion de l'armistice.

Plan de la ville de Châteaudun et du combat
du 18 octobre 1870

Dressé par C. PAVIE, géomètre, très-beau plan indiquant la position des batteries prussiennes, les maisons bombardées et incendiées, l'emplacement des
barricades, gravé sur pierre et imprimé à 5 teintes,
en chromo-lithographie, sur feuille jésus (72 cent.
sur 55) . . . . 6 »»

Vues du Comté de Dunois

Dessinées par RICOIS, peintre-paysagiste, lithographiées
à deux teintes, sur 1/2 feuille grand-raisin (48 cent.
sur 32). Prix. . . . . 1 »»
En couleur. 2 25

Vue générale de la ville de Châteaudun

Dessinée par RICOIS, peintre-paysagiste, lithographiée
à deux teintes sur jésus (71 cent. sur 55). . 3 »»

Bulletin de la Société Dunoise

Archéologie, histoire, sciences et arts. En vente les
numéros 1 à 8, formant le 1er volume. . . 8 »»
Les numéros 1 à 4, 6 à 8, se vendent séparément 1 50
Le numéro 5. . . . . 3 »»

Châteaudun, journée du 18 octobre 1870

Rapport du Maire de Châteaudun à M. le Ministre de
l'Intérieur. Brochure in-4°, accompagnée du plan en
couleur de la prise de Châteaudun et du combat
livré le 18 octobre 1870.
Vendu au profit des incendiés de Châteaudun, 2 »»

La France et la Guerre de 1870

Par E. VALLÉE, ancien élève de l'École polytechnique,
broch. in-8°.
Vendue au profit des incendiés de Châteaudun, 1 »»

Prise et Incendie de Châteaudun

Rapport adressé à M. le Maire de Châteaudun par le
Capitaine de la compagnie de sapeurs-pompiers,
brochure in-8º.
Vendue au profit des incendiés de Châteaudun,   » 50

Récits Dunois

Châteaudun pendant l'invasion, par R.-A. B.

Journée du 21 décembre 1870, 1 vol. in-16.   » 75
Journée du 18 octobre 1870, 1 vol. in-16.   .   » 75

Rapport à Mme de Flavigny

Présidente du Comité de Secours aux blessés de terre
et de mer, par Mlle Armanda POLOUET, broch. in-4º.
Vendue au profit des incendiés. . . . . . » 75

Des Pansements, Bandages et premiers
Secours à donner aux Blessés

Conférences faites à l'Hôtel-Dieu de Châteaudun par
le docteur L.-A. RAIMBERT. — 1 vol. in-18, orné de
vignettes sur bois.
Vendu au profit des blessés. . . . . . . » 75

Traité des Maladies charbonneuses

Par le docteur L.-A. RAIMBERT, 1 vol. in-8º, orné de
planches. . . . . 4 » »

L'oncle Nicolas

Par M. BOUDEVILLAIN, prêtre du diocèse de Blois.
1 vol. in-18 . . . . » 40

L'Ouvrier ébéniste ou les Fruits d'une bonne
conduite

Par M. BOUDEVILLAIN, 1 vol. in-18. . . . . . » 40

L'Oncle des Champs

Ou recueil de proverbes à l'usage des gens de la campagne, par l'abbé BOUDEVILLAIN, membre de plusieurs sociétés savantes, 1 vol. in-18. . . . . » 50

Théorie des Sapeurs-Pompiers

Pour l'exercice et la manœuvre des pompes à incendie.
1 vol. in-18. . . . . » 40

Aquarelles, Eaux-Fortes et Photographies sur Châteaudun et ses ruines.

PUBLICATIONS

Histoire du Château de ...

par L.-D. COUDRAY, illustrée de ... 1 vol. in-18 raisin

Le même sur papier vélin, orné de ... planches

Un Coin de ...

Promenades archéologiques et autres dans ... publiées par L.-D. COUDRAY.

Première et seconde parties, 2 vol. in-8° — Chacune

Histoire du Comté de Dunois

Par l'abbé BORDAS, publiée sur son manuscrit conservé à la bibliothèque de Châteaudun et revue par A. GUÉRET, membre de plusieurs Soc. sav. 2 vol. in-8° — Épuisé, rare ... 24 fr.

Défense de Châteaudun

Dans la journée du 18 octobre 1870, incendies de Varize et de Civry, par L.-D. Coudray, avec un Plan de la prise de Châteaudun et d'Ancien, 1 vol. in-18.

Vues du Comté de Dunois

Dessinées par Ricois, peintre-paysagiste, lithographiées ... sur 1/2 feuille grand-raisin (48 cent. sur ...)

en noir ...

en couleur ... 3 fr. 75

Vue générale de la ville de Châteaudun

Dessinée par Ricois, peintre paysagiste, lithographiée à deux teintes sur jésus (71 cent. sur 55).

Plan de la ville de Châteaudun et du combat du 18 octobre 1870

Dressé par C. Pavie, géomètre, très-beau plan indiquant la position des batteries prussiennes, les maisons bombardées, incendiées, l'emplacement des barricades, gravé sur ... imprimé à 5 teintes, en chromo-lithographie, sur jésus (72 cent. sur 55).

Aquarelles, Eaux-fortes et Photographies sur ... et ses ruines